気になる子のために 保育者ができる特別支援

監修＝小平雅基（児童精神科医）
中野圭子（臨床発達心理士）

Gakken

Cont

プロローグ　適切な支援を必要とする子どもたち………4
気になるあの子は発達障がい？………6
発達障がいってどんな障がい？………8
保護者とどう向き合えばいい？………10
園が、保育者ができること、できないこと………12
これからの障がい理解と社会の流れ………14

第1章　発達障がいについて知っておく………15
自閉スペクトラム症………16
Column 知的発達症について………17
社会的コミュニケーション症………18
ＡＤ/ＨＤ 注意欠如・多動症………20
限局性学習症………22
発達性協調運動症………23
Column「気になる子」に保育の現場でできること………23
発達障がい名についての必須認識３か条………24

第2章　気になることの背景と対応を考える………25
言語面で気になること
1 言葉が遅い………26
Column 言葉が遅れるそのほかの理由………27
2 ずっとしゃべっている　…28
Column 原因を観察し、突き止めるために………29
3 会話がかみ合わない………30
Column オウム返しについて………31
4 何度も同じことを聞いてくる………32
集団行動で気になること
5 登園しても保育室に入れない………34
Column「信頼できる先生」が園にいることが何より大切………35
6 園での生活習慣が身につかない………36
7 保育室から出て行く………38
8 活動に集中できない………40
9 場面を転換するときについていけない………42
10 指示に応じた行動をしない………44
11 じっとしていられない………46
12 行事や行事の練習などへの参加が難しい………48
友達とのかかわりで気になること
13 友達をたたく・ひどいことを言う………50
Column「気になる行動」、園だけでは見極められないことも………51

e n t s

14 友達とあそばない………52

15 勝つことにこだわる………54

16 友達と適度にかかわることができない………56

Column トラブルが起こる前の対応も重要………57

17 あそびのルールを守らず、トラブルになる………58

Column それぞれの個性を認め合い、ともに育つ園へ………60

そのほかの気になること

18 突然パニックを起こす………62

Column パニックになったときの対応………63

19 危険な行為をする………64

20 園で落ち着いて食事ができない………66

21 偏食が激しい………68

Column 成長に伴って食べられる物は増える………68

22 特定の音を怖がる………69

23 トイレに行けない………70

Column そのほかの工夫 …71

24 寝ない………72

Column 家庭と協力して生活リズムの確立を………72

25 いじけやすい………73

26 服をすぐに脱ぐ、のりが手に付くのを嫌がる………74

Column 感覚過敏について………75

27 動きがおぼつかない………76

Column すぐにゴロゴロする子どもへの対応………77

Column 「気になる子」の発達をサポートする感覚統合あそびとは？………78

第3章 保護者との付き合い方………81

「気になること」を保護者にどう伝えるか………82

Column 早期療育と保護者の気持ちについて………82

保護者のつらさを理解する………84

Column 障がいを受容する心の過程………84

Column 保護者を傷つけてしまったら………85

いろいろな保護者とその対応………86

Column 虐待については即対応を………87

時間をかけて保護者との関係を築く………88

Column 指導内容の記録を残しておく………88

就学前は、働きかける最後の機会………90

Column 就学支援シートの記入に後ろ向きな保護者がいるとき………91

保護者の「声」を集めました 園に、先生に伝えたい！ 保護者の本音アンケート………92

※本誌内に出てくる事例は、論旨に合う差し障りのない範囲で、一部加筆、変更しています。

※「障害」「発達障害」という表記について、本来の漢字は「障碍」であると考えており、「碍」は常用漢字ではないことから、「障がい」「発達障がい」と表記しています。

プロローグ

適切な支援を必要とする子どもたち

「わからない」「どうもうまくいかない」「自分の力量不足？」と感じてしまう子どもはいませんか？
子どもが気になる行動をする背景には、本当にさまざまなことがありますが、この本では、
その理由のひとつとして考えられる発達障がいについて取り上げていきます。

1 集団で行動する場面で

並んでいる列から、すぐに抜け出してしまうＡ児。連れ戻そうとすると、地面に寝転がって暴れてしまいます。

紙芝居の最中に、「このお話知ってるよ」と思いついたことを口にしてしまうＢ児。「静かに聞いてね」と注意しても、最後までおしゃべりをやめることができません。

Ｃ児は一斉活動の時、保育者の説明など聞いていないかのように、好きな絵をかき始めます。Ｃ児だけに再度説明してもうなずくだけで、毎回、絵の内容に変化はありません。

発達障がいの子どもは、集団で同じことをする場面で、つまずきを見せることがあります。これは周囲の状況を読み取る力や記憶力などに困難を抱えていることが原因です。反抗心や悪ふざけでやっているわけではありません。

2 コミュニケーションする場面で

「今、たたいた！」。D児は、友達の手が偶然当たっただけでも大騒ぎして相手を激しく責めてしまいます。わざとじゃないことがわからないようです。

E児は声をかけても聞いていないかのように無視することがしょっちゅうです。けれども電車のことなら、相手の反応を気にせず延々と話し続けます。

「メロンパン好きなの」「先生もだよ」「テレビ見たの」……。F児と話していると話題があちこちに飛び、何を話していたのかわからなくなってしまいます。

一対一で接した際に感じられる独特の「伝わりづらさ」は、発達障がいの子が示す特徴のひとつといえるでしょう。予想もしなかった反応が返ってきたり、言外にある気持ちがまったく伝わらなかったりします。

3 そのほかの場面で

G児は帽子をかぶることを嫌がり、かぶってもすぐに脱いでしまいます。靴下や靴も苦手で、屋外でもはだしになってしまいます。

いつも１人であそんでいるH児。人形の家具を並べるあそびをずっと繰り返しています。友達が家具を動かすと強く怒り、慌てて並べなおす姿もよく見られます。

I児はとても不器用で、片足立ちやなわとびができません。はさみもうまく使えないので、運動や工作の時間などは１人だけ周囲から遅れてしまいます。

発達障がいの子は、ささいなことに過敏に反応したり、独特のあそび方をしたり、ひどく不器用だったりといった特徴を示すこともあります。不思議に思えるその行動の背景には、その子が抱えている何らかの困難が隠れているかもしれません。

気になるあの子は発達障がい？

「気になる子」が「気になる行動」をする理由を推測するのは難しく、有効な援助の方法も見えにくいのが特徴です。この「わかりづらさ」もまた発達障がいの特徴のひとつですが、それでは、「気になる子」に障がいがあるかどうか、はっきりさせたほうがいいのでしょうか？

1 誤解されやすい発達障がい

発達障がいとは生まれつき、もしくは生後のごく早期に、脳の中枢神経系に不具合が生じ、言語や認知、運動、社会性などの発達につまずきが現れる障がいです。知的な面では遅れがみられない子もいて、その場合は本人のわがまま・努力不足、あるいは保護者の育て方のせい、と誤解されてしまうこともあります。脳に何らかの不具合があるために、その場に合った行動ができないと理解することが重要です。

2 「気になる子」と「発達障がい児」

適切な支援のために、「気になる子」と障がいのある子を見分ける基準を知りたい、と思う保育者もいるでしょう。しかし、実は発達障がいという概念はあいまいなものです。例えば虹の色の境目を「ここ」と決めることなどできませんよね。発達障がいも同じ。「ここまでは個性、ここから先は発達障がい」と区別することは専門家であっても困難な場合が少なくありません。「そんな傾向もある」というようなあいまいな状態の子どもが多くいる、という考え方も大事です。

3 障がいにこだわる危険性

障がいの有無にこだわることで、その子の理解を誤る危険性もあります。たとえ同じ障がい名であっても、その現れ方や適切な対応はひとりひとり異なります。「障がいがあるから」と解釈することで、子どもが困っている点を見過ごしてしまう、といったことが起こりえます。また、親子関係や成育環境に何らかの問題がある子どもが、発達障がいと似た行動をすることがあります。このような例では「障がい」と判断することにより、本来の問題点がみえなくなってしまうでしょう。

4 ひとりひとりの個性に応じた支援を

先天的なものを治すことはできません。しかし、成長していくなかで脳のほかの部位を使えるようになる例は臨床的に報告されていますし、環境を調整するなどの支援を行うことで、生活するうえでの困難も軽減します。その結果、周囲に合わせた行動がある程度とれるようになっていきます。肝心なのは診断名ではなく、「その子が何に困っているのか」を理解し、支援すること。保育者の仕事は障がいの有無にとらわれず、ひとりひとりの個性に応じた指導をすることです。発達障がいのある子どもが過ごしやすい保育環境は、ほかの子にとっても過ごしやすい環境となります。

発達障がいって どんな障がい？

発達障がいのある子の個性を理解し、適切な支援を行うことは、簡単なことではありません。
障がい名にとらわれるということではなく、発達障がいに関する
基本的な知識をもっておくことは大切です。

1 発達の凸凹が大きい

「A 児は絵は上手だけど運動が苦手」といったように、どんな子どもにも得意不得意があるものです。つまり発達の凸凹はどの子にもあるのですが、発達障がいのある子はこの凸凹が大きいため、生活するうえで支障が生じている状態ととらえることができます。苦手なことから生ずる困難が大きく、ほかの子どもにとっては何でもないようなことにも「困ってしまう」のです。

2 発達障がいの種類

発達障がいと呼ばれるものは、主に次の５つです。

- **コミュニケーションの問題やこだわりがみられる「自閉スペクトラム症」**
- **コミュニケーションに困難が生じる「社会的コミュニケーション症」**
- **多動や注意散漫、衝動性がみられる「注意欠如・多動症（AD/HD）」**
- **読む・書く・計算するなど特定の学習領域に困難が生じる「限局性学習症」**
- **感覚情報に基づき、体を動かす機能に困難がある「発達性協調運動症」**

障がいの診断は医師のみが行うことができます。１人の子どもに複数の障がいの特徴がみられることは、珍しいことではありません。また、診断した医師によって、診断名が異なることもあります。この違いは医師がどの困難に着目したかによって生じます。

発達障がいについてのさらに詳しい説明は、
第１章にあります。

3 適切な支援のために

発達障がいの心配があるのであれば、実際の障がいの有無に関係なく、適切な支援を開始します。園で適切な支援を行うための基本の考え方は、次の４点になります。

①その子が困っていることを知る

気になる行動は、その子が何かに困っているというサインと考えましょう。障がい名にとらわれることなく、保育者が自分の目でその子を観察し、どこでつまずいているのかを見極めましょう。

②スモールステップで目標を達成していく

ほかの子どもたちと同じようにすることを求めると、できないことが多くなり、子どもは自信を失ってしまいます。その子が達成できる目標を設定しましょう。

③ほめて意欲を育てる

目標が達成できたら、たくさんほめましょう。しかられるのではなく成功体験を積むことで、子どもは自信をもち「もっと頑張ろう」という意欲もわきます。

④「何をしたらいいのか」を具体的に伝える

望ましくない行動をしたとき「〜してはダメ」と注意するだけでは、その子はどうふるまえばいいのかがわかりません。「座ろうね」など、やるべき行動を伝えます。

「気になる子」も適切な支援を行うことで、
よい方向へと成長していきます。支援の結果が現れるのに
時間がかかることもあります。行きつ戻りつすることもあります。
気長に見守るようにしましょう。

「気になること」別の詳しい対応の仕方は、第２章にあります。

保護者とどう向き合えばいい？

「気になる子」への支援は、園と家庭の連携が欠かせません。子どもへの支援と同様に、その子の保護者をどうサポートするか、という視点も重要となります。

1 保護者への対応は石橋をたたく慎重さで

子育て中の保護者は、我が子しか知らないことが多いので「子どもはこんなもの」と思いながら過ごし、子どもが困難を抱えていることに気づいていないこともあります。そのような場合、保護者が子どもについての理解を深められるように、園から働きかけを行う必要があります。

しかし、だからといって保護者に、障がいの可能性や、それに近い気になる行動を性急に伝えることは控えるほうがいいでしょう。我が子に障がいがあるという事実を受容するのは、非常に困難な作業です。我が子の気になる行動をすごく気にしているからこそ、否認している保護者も数多くいます。その大変さに配慮することなく障がいの可能性を伝えることは、家庭との連携までの道のりを結果的に長引かせることになるでしょう。保護者が納得してその子と向き合える段階まで機が熟すのを待つ、といった石橋をたたく慎重さが保育者には求められます。

2 保護者との信頼関係を築く

保育者と保護者は子どもの育ちを支えるパートナーのような存在です。保護者と信頼関係を築くことで、子どもの育ちにもよい影響があるでしょう。具体的には、保護者の思いに共感しながら話を聞く、保護者の労をねぎらう、家庭ではどうしているのかを参考にさせてもらうなど、保護者から真摯《しんし》に学ぶ姿勢を保育者は示していきましょう。

3 子どものよいところを伝え続ける

保育者は子どもの障がいの有無にかかわらず、「子どものよいところを親と共有する」という姿勢をもつことが大事です。園で気になる子は、家庭においても育てにくい子であることが多く、保護者は我が子の欠点ばかりが見えていることもあります。こんな手のかかる子をみてもらって申し訳ない、と引け目を感じている保護者もいます。ほかにも、子どもへの関心が薄い保護者など、子どもと同様保護者も十人十色ですが、どのような保護者に対しても、保育者は子どものよい点と、その子が大好きであるという気持ちを積極的に伝えていきましょう。

気になる子の保護者への詳しい対応の仕方は第３章にあります。

園が、保育者ができること、できないこと

適切な支援を行うためには、地域の医療、福祉、
教育機関と連携をとる姿勢が必要です。
そのなかで、保育者がやるべきこととは何でしょうか。

1 保育の専門家として

保育者は集団保育のなかで子どもの育ちを見つめ、指導する保育の専門家です。専門家としての自覚と誇りをもって、ひとりひとりの子に応じた保育をしていくことが、保育者にできる最大の支援です。また、保育者が障がいを理解し、適切な対応をしていくことによって、障がいのある子どもと周りの子がともに育ち合う関係をつくっていくこともできます。このようにして統合保育を充実させていくことも、重要な支援になると考えられます。

2 すべての保育者がかかわる、という意識が必要

発達障がいの子の支援において、チーム保育は不可欠です。すぐに保育室を出ていく子がいるというケースひとつを想定してみても、その子の安全を見守る保育者、保育室に残った子どもを指導する保育者と、複数の保育者がかかわる必要があります。園内の職員のチームワークがとれていないと、適切な対応はできないでしょう。加配の保育者がいる場合でも、その保育者１人に任せてしまうのではなく、その保育者を含めた園全体で支援していくという姿勢が必要です。

3 保護者や地域の人々への働きかけ

保護者間のつながりに気を配り、必要に応じてさりげなく援助したり、地域とのつながりをつくる手助けをしたりといった支援は、発達障がいの子の保護者を支えるのに大いに役立ちます。また、園は地域の子育て支援の拠点として、ほかの保護者や地域の人々が障がいを理解するための機会をつくっていくことも大切です。盲導犬の話をしてくださる方を招いたり、障がいをもつ方の講演会・公演会を開いたりといったことから始めてもよいと思います。地域で活動されている方々を探してみるとよいでしょう。周囲の人々が理解を深めることで、発達障がいのある子どもが過ごしやすい環境になるだけでなく、ノーマライゼーション＊を実現する道へとつながり、そこにかかわる人すべてが育ち合うことができるのではないでしょうか。

＊ノーマライゼーションについては、P.14 で紹介しています。

4 関係諸機関との連携で、無理のない支援に

発達障がいのある子を園だけで支援していくことは困難です。保育者の負担が大きく、疲れきって燃え尽きてしまうことになりかねません。そこで、専門家に相談し、発達的な視点を取り入れることは、子どもの適切な理解に基づいた支援・指導をしていくうえでとても重要です。地域の医療機関、保健センター、福祉関係機関、児童相談所、療育施設などとは、積極的に連携をとります。自治体によっては、独自の巡回相談制度を実施しているところも。特別支援学校に相談するのも、ひとつの方法です。

専門家の視点が入ることで、ただ、「その子の行動に困っている・対応に追われている」状態から、「その子に合わせた支援はどのようなものかを考える」状態へと移行することができます。連携は継続して行うことが望ましいでしょう。定期的に専門家の目が入り、協議の場ができることで、その子の成長に沿った支援を行っていくことが可能となります。

これからの障がい理解と社会の流れ

障がいのある子どもへの教育が､｢特殊教育｣ から ｢特別支援教育｣ へとかじを切ったのは 2001 年のこと。そこにはどのような社会の変化があったのでしょうか。そしてこれからは……。

1 ノーマライゼーションの実現を

21世紀の社会は、障がいのある人も障がいのない人も同じように社会の一員として社会活動に参加し、自立して生活することのできる社会を目指しています。これを「ノーマライゼーション」といいます。教育の分野では､障がいの多様化などに対応するため､｢特殊教育｣から｢特別支援教育｣へと移行しました。視覚障がい､聴覚障がい､知的障がい､肢体不自由､言語障がい､情緒障がいといった従来の特殊教育の対象児だけでなく、発達障がいの子も含めて、ひとりひとり個々に異なるニーズを把握し、必要な支援を行っていこう、ということになったのです。

また、個々のニーズを考える際には、その子のこれまでの育ちだけでなく、その子を取り巻くすべての環境にも注目しようという考えが広まっています。だれもが過ごしやすい環境設定や周囲の理解、社会の雰囲気、そういったすべての「環境」が、その子の育ちに大きく関与するという考えです。

例えば、みんなと同じように行動できない子どもに対し……

その子にとって行動をしにくい環境になっていないか？

「みんなと同じことをするのが当たり前」という認識だけが正しいのか？　など

これからの特別支援教育では、自らの保育を振り返る多角的な視点が保育者に要求されることになるでしょう。大多数の子どもたち（自分たち）を基準に、物事を考えていたことに気づかされるなど、保育者自身の人間観まで揺さぶられることになるのかもしれません。

2 概念や知見は、どんどん新しくなる

障がい児の保育に対する取り組みは、まだまだ発展途上中です。WHO（世界保健機関）が障がい理解のために2001年に策定した「国際生活機能分類（ICF)」は、1980年に出された「国際障害分類」を、より環境要因を重視する方向で改訂されたものです。また、日本の医学会で採用されている診断基準も、改訂されていきます。このように、今日の内容も明日には古くなるので、専門家は常に最新の知見にアンテナを張っています。ですから、積極的に専門家や医療・福祉機関と連携し、保育者は情報を追うよりも目の前にいる子どもに心を込めて接していく、というほうがよいのではないかと思います。

第1章

発達障がいについて知っておく

発達障がいとは、主に先天的なさまざまな要因によって
生じる脳の機能障がいです。
認知、言語、社会性などの発達に遅れがあるため、
幼児期になるとほかの子との差が目立ち始めますが、
適切な指導・支援をすれば、その子なりに成長していきます。

自閉スペクトラム症

コミュニケーションがとりづらい、周囲に関心がない、強いこだわりがあるなどの特徴がみられます。
絵カードを活用するなど、その子に合わせたサポートを行いましょう。

どんな特徴があるの？

自閉スペクトラム症とは、①コミュニケーションをとったり、人間関係をつくって維持したりする能力が乏しい、②行動や興味、活動のパターンにこだわりがある、という２つの特徴が幼少時から顕著にみられる状態像のことです。感覚刺激の過敏性、または反対に鈍感さが伴うことも多くあります。

まったく言葉が出ないなど重度の知的な遅れを伴う子から知的な発達には遅れのない子まで、その様態はさまざまです。しかし知的レベルにかかわらず、先に述べた２つの特徴がみられれば、自閉スペクトラム症と診断されます。

なぜ、こういった症状が起こるのか、明確な原因はまだわかっていません。おそらくですが、自閉スペクトラム症の子どもは、見たり、聞いたり、感じたりする情報を脳で処理し理解する機能に問題があり、そのため状況や相手に合わせた行動をとることなどに困難が生じると考えられています。「自分勝手」と映る行動の多くは、本人にしてみればけっして悪意のあるものではないことを理解しておきましょう。

自閉スペクトラム症の特性は生涯なくなることはありません。しかし、適切な支援によって、周囲への適応力を高めていくことが可能です。

こんな姿がみられる

- 言葉を発しない、言葉の使い方がおかしい
- 言葉の指示を理解できない
- 抑揚のない話し方をする
- CMやアニメのセリフを繰り返す
- 質問に対してオウム返しする
- 名前を呼んでも反応しない
- 友達と一緒にあそびたがらない
- 視線が合わない
- 怒られたり嫌がられたりしても気がつかない
- 日課や習慣の変更に弱く、激しく抵抗する
- 物を置く場所や並べ方、手順や道順にこだわる
- 手をひらひらさせる、グルグル回るなど同じ動作を繰り返す
- 物を並べるなど単調なあそび方をする
- 突然、泣いたり笑ったりする
- 触られたり抱っこされたりするのを極端に嫌がる
- 特定の音や光に過剰に反応する
- 帽子や靴下などを身につけられない

対応のポイント

友達とあそびたい気持ちはある

1人あそびを好んでいるように見える自閉スペクトラム症の子どもたち。しかし、実は声のかけ方がわからないなどなんらかの不安があり、一緒にあそびたいのに気後れしている場合があります。いずれは友達とのかかわりが生まれるように、保育者が援助することが望ましいでしょう。

不安な気持ちを受け入れて対応する

ものごとの感じ方が独特な自閉スペクトラム症の子にとって、園での生活は常に不安がいっぱい。こだわりや独り言などの行動は、そうすることで安心できるという心の表れかもしれません。無理にやめさせるのではなく、行動の裏にある不安な心に寄り添った対応を考えましょう。

過敏な感覚、稀有な感覚を理解して

トイレの流水音を過剰に恐れる子がいます。「気にならない」「少しうるさい」程度の音が、自閉スペクトラム症の子には耳を刺すような音に聞こえることがあるのです。衣類の感触が、チクチクする痛みに感じられる子もいます。感覚過敏がもたらす苦痛に十分に配慮することが必要です。

高機能＝IQ80程度以上

知的に遅れのない自閉スペクトラム症のことを「高機能自閉症」ということがあります。「高機能」という言葉が「知能が高い」という誤解を招きがちですが、実際には知能指数80程度以上で「精神遅滞（知的発達症）ではない」というレベル。その障がい特性から生じる問題が軽いというわけではありません。

その子に合った支援で見通しをもたせる

自閉スペクトラム症の子のなかには、目で見た情報のほうがずっと理解しやすい「視覚優位」の子がいます。その場合、絵カードや写真で1日のスケジュールや物の置き場所などを示すといいでしょう。これから何が起こるか、何をすべきかなど見通しがつくことで不安を軽減する効果もあります。

Column

知的発達症について

「知的発達症」とは知的機能が年齢相応の発達より遅れていて、社会への適応機能が低い状態をいいます。「知的障害」「精神発達遅滞」ともいわれています。障がいの程度は知能テストのIQ（知能指数）を目安に判断され、軽度から最重度までの分類があります。

IQ50-55～およそ80…軽度
IQ35-40～50-55…中度
IQ20-25～35-40…重度
IQ20-25以下…最重度

社会的コミュニケーション症

**状況や人の気持ちの理解に困難があり、対人関係に問題が生じやすくなります。
ほかの子とかかわる場面での支援が必要です。**

どんな特徴があるの？

社会的コミュニケーション症とは、周囲とのコミュニケーションに顕著な困難がある状態像をいいます。例えば、友達に対して堅苦しい言葉を使うなど状況や相手に合わせた適切な対応をとることが難しかったり、「あと少し」などのあいまいな言い回しを理解できなかったりといった特徴がみられます。

「空気が読めない」「場が読めない」という言葉がありますが、それが極端にひどく、不適応が生じている状態といえるでしょう。その場面ごとに適切な行動や言い方を子どもが理解しやすい表現で示すといった支援を行いましょう。

なお、コミュニケーションが困難という点は自閉スペクトラム症の特性と共通するものがありますが、社会的コミュニケーション症の子どもにはこだわりや固執性がみられません。

かつてはこのような「自閉症の特性がみられるものの顕著ではない」子どもは「特定不能の広汎性発達障害（PDD-NOS）」という診断に分類されがちでした。しかし、診断基準＊の改訂があり、「空気や場が読めない」という特徴のみが顕著で不適応が生じている子どもは、今後は社会的コミュニケーション症という診断基準に分類するということになりました。ただし脚注がついていて、「現時点で広汎性発達障害の診断を受けている者は、自閉スペクトラム症と分類すべき」となっています。

こんな姿がみられる

- 話を聞くべき場面で、しゃべり出してしまう
- 会話が成り立たない
- 相手を傷つける言葉を平気で言う
- 気に入った子につきまとい、間近で顔をのぞきこんだり体を触ったりする
- 相手が理解していないことに気がつかない
- 一方的に自分のことばかり話す
- 敬語やことわざの多用など話し方が堅苦しい
- あいまいな言葉や例え話が理解できない
- からかわれていることに気がつかない
- 目が合いにくい
- 相手の怒りや悲しみに共感を示さない

＊ここでいう診断基準は、アメリカ精神医学会による精神障害の診断・統計マニュアル、DSMのことです。2013年にDSM-ⅣからDSM-5へと改訂が行われました。

対応のポイント

周囲に溶け込めるようにサポートする

ほかの子とやり取りする場面で「気になる様子」が目につきやすいのが、社会的コミュニケーション症の特徴。保育者は子どもが周囲に溶け込めるようにサポートすることが必要です。孤立しがちな子は根気よく誘い続けて一緒にあそびに参加したり、合いそうな子と近くの席にしたりしましょう。子ども本人も人とのかかわりに苦手意識をもちやすいので、ほかの子に共感するなど望ましい行動をしたときは大いにほめます。その子のよさをほかの子に積極的に伝えることも支援のひとつです。

「○○してはだめ」より「○○しよう」がいい

子どもを注意するとき、つい「立ってはだめ」などと言ってしまいがちです。定型発達の子ならその言葉で周囲を見渡し、「みんな座っている。自分も座らなきゃ」と判断できるかもしれません。しかし、状況を読むのが苦手な社会的コミュニケーション症の子どもは、「○○しちゃだめ」だけでは何をしたらいいのかわからず戸惑うことに。ですから、「○○しよう」と子どもがとるべき行動をその都度伝えるようにしましょう。同様に、友達との適切なかかわりを促す場面でも、「『おもちゃ貸して』って言うといいよ」など、どうすればいいのかを具体的に伝えるようにします。

友達や本人の気持ちを代弁して伝える

社会的コミュニケーション症の子はほかの子を不快にさせる言動をしてしまうことがありますが、ほとんどの場合、本人に悪気はありません。頭ごなしにしかるのではなく、その都度「『ヘタ』って言われたらあなたはどんな気持ちになる？　今、○○ちゃんも悲しい気持ちになっているんだよ」というように、ほかの子の気持ちを伝えていきましょう。不適切なかかわり方の裏に、「仲良くしたい」「こうされて嫌だった」などの思いがあることも。その場合は「Aちゃんとあそびたかったんだね。次は『あそぼ』って言おうね」など、子どもの気持ちを代弁してから、代わりとなる適切な行動を教えます。相手の気持ちを理解する、自分の気持ちをわかってもらうといった経験を積むことで、共感することの大切さを伝えていきましょう。

子どもが理解しやすい表現を

「まっすぐ戻ってきてね」は「どこにも寄らずに戻ってくる」という意味ですが、曲がらずにまっすぐ戻らなければならない、と字義通りにとらえてしまう子がいます。社会的コミュニケーション症の子は、このような二重の意味をもつ言葉や例え話を理解するのが苦手です。「ちょっと待って」などのあいまいな言い方も伝わりにくいため、「音楽が終わるまで待って」など、その子に伝わりやすい具体的でシンプルな表現を心がけましょう。

AD/HD 注意欠如・多動症

じっとしていられず保育室を歩き回ったり、興味のあること以外は集中できなかったり、とっさに危険なことをしたり……落ち着きのなさや注意散漫などの特徴がみられます。

どんな特徴があるの？

気が散りやすく、集中力がなく、よく物をなくしたり忘れたりする「注意力の欠如」。じっとしていられず動き回る「多動性」と、予測や考えなしに行動を起こしてしまう「衝動性」。AD/HD は「注意欠如」と「多動性・衝動性」の 2 つを表す障がい名です。2 つの特性を併せもつ子もいれば、一方の特性が顕著な子もいます。

AD/HD の子の行動は、ほかの子に迷惑をかけて園内でトラブルになることもありますが、これも脳機能の問題であり、本人も自分で自分の行動をコントロールできずに困っているのです。なお、ほとんどの園児は右の項目のいくつかにあてはまるでしょう。気になる行動が著しく、傾向が長期的に一貫していて、園や家庭など複数の場面で同じような状態であれば、そこで初めて AD/HD の疑いがあると考えてください。

こんな姿がみられる

・ひとつのあそびに集中できない
・会話やあそびなどでほかの子の邪魔をする
・外の刺激に反応し、すぐに気がそれてしまう
・忘れ物や、物をなくすことが多い
・ボーッとしていて人の話を聞いていないようにみえる
・質問が終わらないうちに答えてしまう
・一方的なおしゃべりが止まらない
・常にいすの上でそわそわ動いたり、手足を動かしたりしている
・順番を待てずに割り込んだりする
・突然飛び出すなど危険な行動をする
・突然友達に乱暴する
・1 人で走り回る

対応のポイント

気が散りやすい環境を見直す

AD/HD の子は、注目すべき所に注意を向けることが困難です。例えば先生が絵本を読んでいるときでも、外の音やカーテンの揺れなど、周りの刺激が次々に入ってきて、そこに気持ちが向き、動いたり立ち歩いてしまったりするのです。興味を引く物を片付ける、窓際から席を離すなど、環境を見直すことも大切です。

わかっているのにコントロールできない葛藤《かっとう》を察して

知的な遅れのない AD/HD の子は、判断力や理解力は年齢相応に育っています。ですので、園から飛び出したり友達に乱暴したりという問題行動を起こしたとき、自分が悪いことをしたとわかっています。「しまった」と後悔したり、「またやってしまった」と自責の念をいだいている場合も多いので、その気持ちをくみ取って、対応しましょう。

多くの場合、成長とともに気にならなくなる

多動・衝動などの行動が目立つのは、主に学童期までで、周りが適切な対応をすれば、次第に目立たなくなります。一般的にほかの障がいを伴わない AD/HD の人は、活動的で人付き合いもよいので、「おっちょこちょい」などと周りに言われながらも、順応してやっていけるケースが少なくありません。

さまざまな背景があることに注意

AD/HD の症状に限らず、子どもの「気になる行動」の背景には、発達上の問題があること以外にも、さまざまなことが考えられます。例えば、何かしらの理由によって、気持ちが不安定になっている時期には、ひとつのあそびに集中できなくなるのも当然あることです。すでに診断がなされている子どもについても、「AD/HD だから」という見方ではなく、ひとつひとつの行動に対して、多角的に見ていく必要があります。

限局性学習症

＊以前はＬＤと略されていたものです。

話は上手にできるのに文字が読めない、物を数えられるのに数字が書けないなど、特定の能力に極端な落ち込みがみられます。学童期以降に困難が生じます。

どんな特徴があるの？

知的な遅れはないのに、「聞く、話す、読む、書く、計算する、推論する」などの能力のうち、どれかが著しく低く、学習に支障をきたす状態像のことです。

例えば、文字の形を認識できず読み書きに困る子もいれば、音を正しく聞き分けて言葉としてまとめる能力が低く、人の話を理解できない子もいます。疑わしい様子があった場合は、本人が園の生活で困っていることはないかを確認して、必要なサポートをしていきましょう。

こんな姿がみられる

・靴の左右を間違えて履く
・話すことはできるのに、指示を理解できない
・聞き返すことが多い
・話そうとするが、言葉がスムーズに出てこない
・似た文字の区別ができない
・行を飛ばして読む
・書く文字の大きさがバラバラ
・数を唱えることはできるのに、「多い、少ない」の判断ができない
・極めて不器用

対応のポイント

道具を使ってサポートし、つまずく部分を補う

限局性学習症が疑われる子には道具を使った支援が効果的です。例えば、読むのが苦手なら、1行だけが見える穴のあいた定規を用いると、行の読み飛ばしが改善されることが。聞くことが苦手なら、指示をホワイトボードなどに書き、視覚的に示すといいでしょう。

目立ってくるのは就学以降

限局性学習症が疑われてくるのは、本格的な学習が始まる就学以降。現段階で疑わしい様子があったとしても、「読み書き・計算」の機会がほとんどない幼児期に、確定的な判断を下せません。保育現場では、子どもが困っていることに対する支援を行いましょう。

発達性協調運動症

体や手先の動きがぎこちなく、極端に不器用にみえます。だらんとした姿勢になりがちなため、やる気がないと勘違いされることも多くあります。

どんな特徴があるの？

視覚や聴覚、触覚などから得られた情報に基づき、体を適切に動かす協調運動の機能に遅れがみられる状態像のことです。運動や日常生活の動作がぎこちなくなり、身辺自立にも遅れがみられることがあります。しかし、その子なりのペースでできることは増えていきます。

こんな姿がみられる

- 歩き方や走り方がどこかおかしい
- しょっちゅうゴロゴロしている
- スキップができない
- いすからずり落ちる
- はさみがうまく使えない
- ボタンが留められない

対応のポイント

外あそびの機会を増やして

体を動かす機会を増やすことで、協調運動の発達を促すことができます。運動に苦手意識をもつ子も多いので、目標はスモールステップで設定し、できたことをその都度ほめていきましょう。日常の保育に感覚統合あそび（P78〜80）を取り入れるのもお勧めです。

気長にゆったりと見守る

「指導を工夫すればできるはず」と保育者が思い込むと、子どもを精神的に追い込んでしまうことがあります。気長にゆったりと子どもを見守る姿勢が大切です。たとえできなくても、本人なりに頑張っている姿を評価するようにしましょう。

Column

「気になる子」に保育の現場でできること　〜監修者　小平雅基先生からのメッセージ〜

保育者が発達障がい（今後は神経発達症と呼ばれます）について、ことさらに詳細な知識を得る必要はない、と私は考えています。それぞれの障がいの特性について、だいたいのことを知っておいていただければいいのではないでしょうか。むしろ保育の現場で重要なのは、障がい名より「その子が苦手としていること」に気づいて支援すること。それと同時に、子どもの置かれている環境に着目することも大切です。例えば、家庭で両親がしょっちゅうケンカをしているため、不安定となり、園でかんしゃくを起こす子もいます。「気になる子＝発達障がいを有する子」というわけではありません。子どもの気になる行動が目立つときには、発達障がいの有無にかかわらず、保護者がおだやかな気持ちで子どもとかかわれているか、保護者が孤独で追い詰められていないかといったことに、目を向けてみていただければ、と思います。

発達障がい名についての必須認識3か条

1 発達障がいの診断名は流動的。その子の成長とともに変わっていく

診断は主に行動をみて行われますが、初診時と年齢が上がってからの診断で、障がい名が変わることはよくあります。というのも、子どもは日々成長し、年齢や環境によって状態は変化するからです。以前はみえていた症状が現れなくなることもあります。診断名は絶対的なものではないのです。

2 診断は診る人により異なることもある

どの医師が診ても同じ診断名となるように、発達障がいに関しては診断基準が定められています。しかし、医師によって着目する点が異なることがあり、ときには1人の子に違った診断名がつくことも。その場合は、それらの障がいの特徴を兼ね備えている、ととらえるといいでしょう。

3 その子のことが共通認識できれば符号は何でもよい

診断名は、「この子にはこういう症状がある」と周りの人が共通認識をもつための符号のようなものと考えてください。重要なのは、診断名よりも子どもの状態をとらえることです。障がい名にとらわれた型どおりの対応ではなく、その子に合わせた支援を行うことが何より大切です。

第2章

気になることの背景と対応を考える

突然のパニックと思えるものにも、
必ず原因ときっかけがあります。
原因を解き明かすことが目的ではありませんが、
根気強く観察・記録を重ね、その子の抱える困難に寄り添った
対応をしていくことが、子どもの成長につながります。

言語面で
気になること 1

言葉が遅い

発達には個人差があり、「言葉が遅い」＝「障がいがある」ということにはなりません。
安定した親子関係のなかで人の言葉を理解している、自分が気になる物を指さす、
人が指さした物を見るといった様子がみられるなら、基本的には心配ないと考えていいでしょう。

その背景にあるものは？

●発達の個人差

発達障がいの有無にかかわらず、言葉が早く出る子もいれば、遅く出る子もいる。⇒a

●周囲の言葉かけが多すぎて、自分から話す必要性を感じない環境で育った

「周囲とやり取りしたい」意欲が低い場合、先回りして大人が応えてしまうことで、言葉を話す必要性を感じなくなることも。⇒b、c

●周囲の言葉かけが少なすぎて学習の機会がなかった

発達障がいがある子は、赤ちゃんのころから周囲の働きかけに対する反応が乏しい傾向がある。
その結果、保護者の言葉かけが少なくなり、学習の機会が減る。⇒b、c

●コミュニケーションの力が育っていない

人とのコミュニケーションに困難がある発達障がいでは、そのツールである言葉の発達に遅れがみられることも。⇒b、c、d

どんな対応をすればよい？

a 言語獲得の過程を知る。

0～1歳

指さしが始まる。
簡単な指示なら、理解できる。

1～2歳

「マンマ」「ブーブー」など意味のある言葉が増える。
簡単な言葉での指示がわかる。

2～3歳

2語文が豊かになる。
「これなあに？」などの質問が出始める。

3～4歳

「なぜ？」「どうして？」の質問が増える。
「…だから」などの接続詞を使える。

4～5歳

昨日、明日などの時間の前後感覚がわかる。
乱暴な言葉、汚い言葉を使うことも。

5歳～

自分の経験を話せるようになる。
なぞなぞあそびができる。

b

具体的な選択肢を示し、子どもが選ぶようにして、言葉を引き出す。言葉が出ていない子なら、どちらかにうなずくように促し、選択後に「ボール」などと子どもが言うべき言葉を代弁する。短くわかりやすい言葉を使うこと。

c

あそびや生活のなかで、言葉のあるかかわりが楽しいと思えるように、声かけをしていく。子どものなかで「心」や「行動」と「言葉」がつながるのを気長に見守る。

d

音声を理解しにくい様子がある子どもには、具体的な物や絵カード、写真を併用するとよい。自分のしたいことを伝えるときには、それらを提示するように促す。

Column

言葉が遅れるそのほかの理由

言葉が遅れる要因は、ここに挙げた以外にもあります。例えば、保護者の心身の健康が優れない、赤ちゃんは何を話しかけてもわからないだろうと思われていたなどのさまざまな事情で、耳にする言葉の量が少なかった子どもは、言語発達が遅れることも。このような環境の要因により、言葉が増えない場合も接し方のポイントは同じです。「カレーおいしいね」「車来たね」など、あそびや生活のなかで、その子が見ている物や感じていることを言葉で代弁するような声かけを心がけていきます。

言語面で
気になること **2**

ずっとしゃべっている

言いたいことを一方的に話したり、話を聞くべき場面でしゃべりだしたりする子がいます。
周囲を困らせていることに、本人はまったく気がついていません。
しかって話をやめさせるのではなく、状況に合わせて話すことを教えていきましょう。

その背景にあるものは？

●話したい衝動が抑えられない

「〜したい」という衝動をコントロールする脳の働きに困難を抱える子がいる。
そのような子は「話したい」という気持ちを抑えることも難しい。⇒ a

●何らかの不安があり、しゃべることでそれを抑えている

しゃべりたいからしゃべっているのではなく、高まった不安や緊張を、しゃべることで解消しようとしている。⇒ b

●自分の世界にひたっていて、周囲の状況を気にしていない

周囲の状況を認知しづらい子は、自らの感覚や想像にひたってしまうことがある。
思ったことをそのまま口に出していることに本人が気がついていない場合も。⇒ c

どんな対応をすればよい？

a

「しゃべっていい時間」「静かにする時間」をカードなどで示し、少しずつ自己コントロールができるようにする。言葉で理解できる子なら、「先生のお話聞いてくれたら、次にゆうちゃんのお話聞くから、待ってね」と、あとで話せるから今は我慢することを教えていく。

b

状況の変化や新たな刺激など、何か不安なことがあって、
おしゃべりが止まらないようなら、
その原因を観察して突き止める。可能なら取り除く。

今日のプールは
中止なので
お部屋で自由に
あそびましょう
はーい
プールは
入れない
から…
お絵かき
しましょう
うん

c

自分の世界があり、周囲への関心が薄い子どもには、普段からその子の世界を共有するようにかかわっていく。その子の興味ある話題を通して、人の話を聞きそれに応じる、という会話の仕組みを教えていくようにする。

みっくんの
おうちの車は
何色？
これと一緒
赤い
ハイブリッドカー

Column

原因を観察し、突き止めるために

子どもの様子をよく見て、日々の記録をとり……、という丁寧な保育をしていても、発達障がいの子の抱える困難や不安の原因を探るのは難しいこと。現場の保育者だけで抱え込まず、関係諸機関へ「HELP」を発信し、専門家の手を借りましょう。

言語面で
気になること 3

会話がかみ合わない

「好きな食べ物は？」という質問に対して、「電車に乗った」と返事するなど、
ちぐはぐな会話をする子がいます。言われたほうは戸惑いますが、
その子なりの思いがあることを念頭において対応しましょう。

その背景にあるものは？

●その場に応じた言葉の使い方がわからない

そのときの状況や文脈によって、求められる応答は違う。
発達障がいのある子にとって、その場面に合わせて言葉を選択するのはとても難しい。⇒ a

●言われている言葉を理解できない

音声を聞き取ることはできても、その意味を理解するのが難しい子がいる。
わたしたちが外国語を聞くときと同様に、意味のわかる単語だけを聞き取って理解していることも。⇒ a、b

●言葉が人とコミュニケーションをとる手段だということをわかっていない

人とのコミュニケーションに困難を抱える子は、言葉が人とやり取りするためのツールであること自体、わかっていないことがある。⇒ c

どんな対応をすればよい？

a

本当は別のことを表現したい可能性が。常に「この子はどんなときにこの言葉を使うのか」と思いを寄せながら接する。その子なりの言葉の使い方が理解できたら、正しい言葉の使い方を伝える。

b

相手が言った言葉のなかで、意味がわかった部分のみに反応して、返事をしていることがある。その子の理解度に応じて、質問を短く具体的にする。視覚情報が理解しやすい子どもには、質問とともに絵カードなどを提示するとよい。

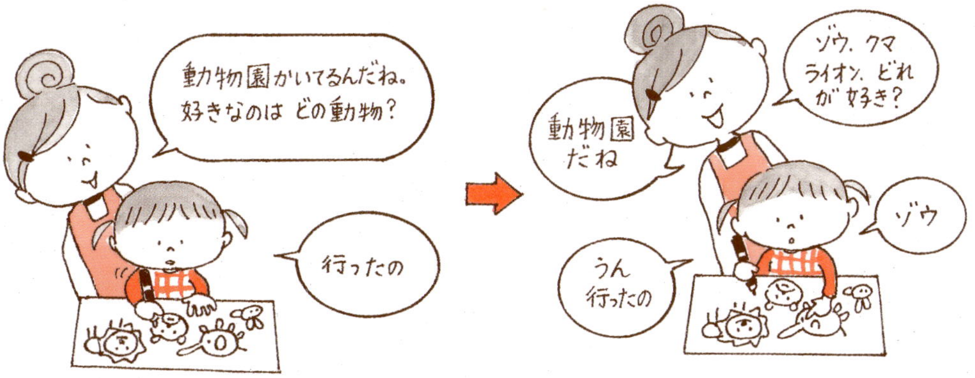
動物園かいてるんだね。好きなのは どの動物？
行ったの
動物園だね
ゾウ、クマ ライオン、どれが好き？
ゾウ
うん 行ったの

c

普段の生活のなかで、人に向かって言葉を発することで要求がかなえられるような経験を積み重ね、コミュニケーションの必要性を伝えていく。

その子の好きな物を 手の届かない ところに置く
電車だね
電車！

Column

オウム返しについて

人とのコミュニケーションに困難を抱える子どもには、「だれと来たの？」という質問に、「だれと来たの？」と返事する「オウム返し」がみられることがあります。オウム返しは「言葉を育てる」という点からみれば、決して悪いことではありません。オウム返しをする理由はその子ごとに、またその場面によって違います。例えば「やりたい」「欲しい」という意図があるときにオウム返し、嫌な場合は返事をしない、ということがあります。そのときは「欲しいんだね」「嫌なのね」など適切な答え方を保育者が代弁します。意味がわからないときにオウム返ししているようなら、質問を短く簡単な内容にしましょう。また発達障がいのある子どものなかには、記憶力が非常に優れた子がいて、頭に浮かんだ過去の場面のやり取りを突然オウム返しすることがあります。そのような場合、保育者は過敏に反応せず、聞き流すことも指導のひとつです。

言語面で気になること 4

何度も同じことを聞いてくる

同じ質問を何度も繰り返す子がいます。さっきも答えたのに、と周囲はうんざりすることもあるでしょう。でも、質問をするのは人への興味が育ちつつある証拠。その興味をうまく育てていきましょう。

その背景にあるものは？

●そのことばかり気になり、確かめずにいられない

自分が気になったことで頭がいっぱいになってしまい、相手の返事が頭に入っていかない。⇒ a

●パターン化したやり取りを楽しんでいる

自分がこう言ったらこういう答えが返ってくるというパターン化した会話をすることが、楽しみとなっている。⇒ b

●その人とかかわりたいという思いがある

人とかかわる際の簡単な決まりや方法を身につけていないために同じことしか言えず、会話にならなかったり、相手に気づいてもらえなかったりする場合も。⇒ c

●不安な気持ちが高まっている

同じ質問の繰り返しが、不安や緊張の表現である子もいる。⇒ d

どんな対応をすればよい？

a

先のことが気になるときには、カレンダーやスケジュールに予定を明記しておくことで、視覚的に確認できるようにするとよい。

b

同じ答えが返ってくることを楽しんでいる子どもには、会話がもつ豊かな世界に進めるようにするのも大切。たまには違った返事をして、話題を広げていくとよい。

c

適切な話しかけ方をモデルとして示す。

d

不安が原因の場合は、できる限りその要因を突き止めて取り除く。同じやり取りを繰り返すと、こだわりが強くなることがあるので、答え方にはバリエーションをもたせ、同時にほかに気をまぎらわせる方法を提示していく。

集団行動で気になること 5

登園しても保育室に入れない

登園してきたのに、保育室に入ることを嫌がる子がいます。何らかの不安があるサインととらえ、その子にとって園が過ごしやすい場所となるように手立てを考えていきましょう。

その背景にあるものは？

●落ち着かない雰囲気や、ほかの子の声などが苦痛

ほかの子どもが続々と登園して来たり、あそんでいたりする、朝特有のざわざわした雰囲気や音を苦痛に感じて、保育室に入れないことがある。⇒ a

●園で何が起こるのかがわからず、不安

これから園で何が起こるのか見通しがもてないために、不安がつのり保育室に入れない子もいる。⇒ b、c

●保護者と離れるのが嫌

保護者と離れて園で過ごすのは、どの子にとっても不安なこと。周囲の状況を理解しづらい子は、より不安感や恐怖感がつのりやすい。⇒ c、d

どんな対応をすればよい？

a ⇒ 朝一番に登園してもらう。だれもいない静かな保育室ならスムーズに入れることも多い。それが難しい場合は、職員室など静かな場所で気持ちを落ち着かせてから、保育室へ。

b

1日の活動予定を、絵カードなどその子がわかる形で示す。その際、その子にとって好きな活動があることを教えてあげることが重要。

c

最初はその子が好きな活動の時間に合わせて登園し、徐々に園にいる時間を延ばしていく。

d

子どもの心の支えになるような物を保護者に準備してもらう。マスコットやタオルなどその子が大好きな物で、持ちやすい小さめの物がよい。

Column

「信頼できる先生」が園にいることが何より大切

子どもが園を嫌がるそぶりを見せたときは、その子にとって園が「楽しい場所」となるように手立てを考えなければなりません。その際、必要不可欠となるのが、園での心の拠り所となるような保育者の存在。スケジュールなどの視覚支援も「大好きな先生が示してくれる」ことで初めて効果を発揮することがほとんどです。ですから、まずは、その子が特定の保育者と信頼関係を築けるように支援していきましょう。また、登園前の自宅での状況も、子どもの気持ちに影響を与えます。目覚めが悪い、支度に取りかからないといった子どもの場合、どうしても保護者が子どもをせかす状況になりがち。しかし、それでは登園前に子どもの不安感が増大してしまいます。保護者には「ゆとりをもって、できるだけ笑顔で朝の準備を」とお願いするといいでしょう。

集団行動で
気になること 6

園での生活習慣が身につかない

カバンや連絡帳を所定の場所に置いたり着替えたりといった園での生活習慣が、なかなか身につかない子がいます。自分でできるように、その子に合わせた支援方法を考えていきましょう。

その背景にあるものは？

●ほかの刺激に注目してしまう

ほかの子どもの声やおもちゃなどに気をとられてしまい、朝の支度が進められない子どもがいる。⇒a

●手順や置き場所が覚えられない

やるべきことの手順や物の置き場所が覚えられないため、準備ができない場合がある。⇒b

●不器用でうまく片づけられない

不器用で朝の支度や着替えなどがうまくできず、その苦手意識からやろうとしない子もいる。⇒c

●保育者の声かけを待ってしまう

声をかけられてから行動することが習慣やこだわりとなっていて、自分からは動かないことがある。⇒d

どんな対応をすればよい？

a

壁ぎわやロッカーの間など周囲の様子が見えない位置に、朝の支度をする場所を設置する。周囲が見えなくなる位置に保育者が立つなど、保育者自身がついたての役割を果たす方法もある。

b

手順表、物の置き場所を示すマークや紙など視覚的な情報があれば、１人で準備ができる子もいる。最初は保育者が１つの手順を書いた絵カードなどを示し、それができたら次の手順を示す。１つできればその都度ほめることも大切。スムーズに準備ができたら、手順表に移行する。

c

その子が苦手とする部分を保育者が手伝うなどして、１人でできるところは自分でやるように促す。自分でできたことをその都度ほめ、徐々に手助けする部分を減らしていく。着替えの手順や服のたたみ方などは、家庭とやり方を合わせるとよい。

d

徐々に声かけを少なくするなど、自分から気づいて動けるように、声のかけ方、指示の仕方を工夫する。自ら動けたときは注目して大いにほめる。また、これをやったら好きなことができる、というよい見通しを示すと頑張れることが多い。

保育室から出て行く

保育室で活動する時間に外へ出て行ってしまう子どもがいます。出て行く前後にあった出来事を観察して、その子なりの目的を突き止めることで効果的な対応をとることが可能となります。

その背景にあるものは？

●保育室に興味のある物がない、または苦手な物がある

自分が興味をもてない活動に注意を向けることが非常に難しい子どもがいる。
また、感覚が過敏などの理由で活動内容に苦手な部分があるケースも。⇒ a、c

●集団のなかにいるのが苦痛

ざわざわした空間や騒音、人と肌がふれ合うことなどが苦手な子は、集団のなかにいることに耐えられない場合がある。⇒ b、c

●気になる物が室外にあるなど、本人なりの目的がある

部屋の外にある気になる物や、外部からの刺激により気になった物を「見に行きたい」という思いがあり、その衝動が止められない。⇒ c

●保育者が追いかけてくれるのが楽しい

しかられたり追いかけられたり、という形で、保育者に注目してもらえることが、その子にとって楽しみとなっている場合がある。⇒ d

どんな対応をすればよい？

a

その子が興味をもてる活動・おもちゃなどを保育室に置く。保育室内に苦手な物がある場合は、布で覆うなど対応可能な範囲でそれを取り除くようにする。活動の内容を図で示すとやることがわかり、興味を示す子もいる。

b

その子の位置を端にする、少し離れた場所にその子のためのコーナーを確保するなどの工夫を。最初は離れた場所から、ゆっくりと集団に参加させていくとよい。

c

タイマーを活用して、「3分間、保育室内にいたら出ていい」といったルールを設ける方法もある。その子が興味をもてるような活動を同時に提示し、短い時間から始め、徐々に保育室内にいる時間を長くしていく。

3:00
この数字が0《ぜろ》になって ピピッてなるまでは お部屋で きょうりゅうさんと あそぼう

d

「出て行く」と「注目される」という認識が定着しないよう、保育室の活動に参加している間、その子に注目して声をかけるようにする。出て行ったときは、慌てて「だめ」などと追いかけず、冷静な態度で保育室に戻すようにする。

りょう君
おいすにじっとしてるね
カッコイイ!!

集団行動で気になること 8

活動に集中できない

活動している最中に、友達にちょっかいを出したり、ぼーっとしていたりして、集中し続けるのが難しい子がいます。しかっても効果がないケースがほとんどです。その子が集中できない理由を考えていくことが必要となります。

その背景にあるものは？

●その活動に興味がもてない

興味の対象が限られていて、かつ自分が興味をもてないことに注意を向けるのが非常に難しい。⇒a

●すぐにほかのことが気になり、集中することが難しい

どんな刺激に対しても敏感に反応してしまう子がいる。
その場合、光や音、においなどいろいろなことが気になり、課題だけに注意を向けることが困難に。⇒b

●その活動内容に苦手な部分がある

細かい手指の動きができないなど苦手な部分があるために、活動に集中できない子がいる。
また、活動内容がよく理解できないために苦手意識が芽生えることも。⇒c、d

どんな対応をすればよい？

a

その子が好きなことだったら集中できる場合がある。描画や工作なら、その子の好きなことと関連づけた課題への変更を認めるようにするとよい。

b

その子の気が散ってしまう要因となるものを取り除く。ひとつの机にゆとりをもたせて座れるようにする、机の上に必要な道具以外の物を出さないなどの方法がある。途中で休憩を入れるのもよい。

c

活動のなかに苦手な部分があるようなら、一緒に取り組むようにする。目で見てわかるように具体的に手順と見本もあるとわかりやすい。

d

「運動会の絵」などの大まかな指示では何をしていいのかわからない子もいるので、具体的な絵柄を提案する。

集団行動で気になること 9

場面を転換するときについていけない

周囲が次の活動へ移っているにもかかわらず、自分のしていることをかたくなに続ける子がいます。
無理にやめさせようとすると、かんしゃくを起こすこともあります。
その子なりに活動を切り上げられるように工夫しましょう。

その背景にあるものは？

●次の活動が嫌い

次に行う活動がわかっていて、そのなかに苦手な部分がある場合、次の活動に参加したくない思いから、今行っている活動を終えられない。⇒ a

●次がどんな活動なのか見通しがもてず不安

次にやることの内容がわからないために不安が高まり、今行っている活動に固執してしまう。⇒ a、b

●没頭しすぎて気持ちを切り替えられない

そのとき行っていることに過度に集中してしまうために、次の活動に気持ちを切り替えることが難しくなる。⇒ c

どんな対応をすればよい？

a

次の活動がその子の苦手なものであるなら、その活動のあとに好きな活動をしてもいいということにすると参加できる場合がある。または、すべて参加しなくてもいいことを伝えてもよい。

とび箱が終わったら
お人形であそんで
いいからね

b

次の活動の見通しがもてると、自分から行動できる場合がある。絵カードや写真で１日の活動のスケジュールを示しておくようにする。終わった予定は取り外していくと、わかりやすい。

c

時計やタイマーを使い、活動がいつ終わるかを示しておく。活動終了前には、「もうじき終わるよ」と予告し、その後も「今だよ」「待ってるよ」「もう待てないよ」など声のかけ方を工夫する。不安そうであれば、次の活動の内容を具体的に説明し、その子にとって楽しみがあることを伝えるのもよい。

集団行動で
気になること **10**

指示に応じた行動をしない

保育者が指示を出しても、違う行動をしてしまう子がいます。そのような行動の背景には、指示を正確に聞き取れていない、内容が理解できないなどの理由があります。
その理由を探るとともに、その子に指示が伝わるように工夫をすることが大切です。

その背景にあるものは？

●周囲に気をとられてしまい、指示を聞き取れない

周囲の音や光のちらつき、においなど、いろいろなことが気になり、保育者の指示に注意を向け続けることが難しい。⇒ a

●自分にも言われていることが理解できない

全体への指示だけでは、自分にも言われていることが判断できない子がいる。
保育者に注意を向けなければいけないことがわかっていない場合も。⇒ a、b

●指示の意味がわからない

指示の意味を理解できていない場合もある。「ゆっくり動く」「少し離れる」などあいまいな表現が理解しづらいことも。⇒ c

●耳からのみ入る情報を処理することが苦手

耳で聞いた言葉をスムーズに理解できない、最初に言われた言葉を忘れてしまう、といった認知の特徴をもつ子もいる。⇒ d

どんな対応をすればよい？

a

注目がこちらに向くような声かけをし、その子が聞いているかを確認してから、指示を出す。同時に、気が散らないような環境を整えるとよい。蛍光灯のチカチカにいち早く気づいて気分が悪くなる子もいるので、照明は常に早めの取り換えを。

ホールに移動して
準備するよ
りっ君
今からお話するよ

b その子に個別に指示を出す。その子の位置を保育者の近くにして、何度か目線を送りながら指示を出すようにする。

りょう君
今からお話するよ

c 具体的に短く簡潔に指示を出すようにする。その子にわかる表現を用いることも重要。

ゆかちゃんは
タンブリン
お願い
タンブリン
トライアングル
ゆかちゃんは
タンブリンの 箱
持ってきてね
タンブリン
トライアングル

d 目で見てわかる情報が理解しやすい子もいるので、絵や写真などを併用して指示を出す。

お片付けして
お帰りの準備ね
おかたづけ
おかえりの
じゅんび

集団行動で気になること 11

じっとしていられない

体を常に動かしている、頻繁に立ち歩くという子がいます。悪気があるのではなく、何らかの刺激があると、ひとりでに体が反応してしまう、という場合がほとんどです。その子が落ち着けるような環境を工夫していきましょう。

その背景にあるものは？

●刺激が気になって知らず知らずのうちに動いてしまう

動きたい衝動をコントロールすることがとても難しいために、刺激があるとすぐに体が動いてしまう。⇒a、b、c

●同じ体勢を続けることが苦手

運動や感覚などに発達のつまずきがあると、立つ、座るなどの同じ姿勢を保ち続けるのが難しくなる。動いているほうが本人にとって楽な場合も。⇒b

●行われている活動に興味がもてない

そのとき行われている課題や活動に興味がもてないため、注意を向けることが難しく、周囲が気になって動いてしまう。⇒a、c

どんな対応をすればよい？

a

活動中の時間、ずっと参加することを求めると、その子がしかられる回数が増える結果となり、よくない。少しずつ活動への参加時間を延ばしていき、短時間でも参加できたら、ほめる。その子が興味をもてる活動をしてもよい。

5分も座っていられたよ
すごい!!
ピピピ
0.00

b

その子の「動きたい」というエネルギーを適切に発散できるようにする。プリントを配る係など、動く役目を与える。また、静的な活動の前には体を使ったあそびに誘って十分に動くと、そのあとは落ち着いて行動しやすくなることがある。

c

刺激が入らない、もしくは刺激が入っても動きにくい環境づくりを心がける。真ん中の席にして、立ち歩きにくいようにしたり、友達をモデルにしやすい席にしたりすることで落ち着く子もいる。

集団行動で気になること 12

行事や行事の練習などへの参加が難しい

普段とは違う活動や、今までしたことのない活動を嫌がる子どもがいます。慣れさせようと無理に参加させるのはよくありません。その子の不安な気持ちに寄り添いつつ、少しずつ参加を促していきましょう。

その背景にあるものは？

●**1日の予定に対してのこだわりがあり、それと違うと不安を感じる**
1日のスケジュールがいつも同じでないと安心できない子にとって、日常とスケジュールがまったく異なる行事は、かなりの負担となる。⇒a

●**新しいことに不安を感じる**
「経験がない」＝「何が起こるかわからない」ために不安が高まり、これまで経験したことがないことに対して極度に緊張してしまう。⇒b

●**並んだり待ったりなどの指示が理解できず、苦手意識がある**
行事やその練習では、保育者が指示を出す頻度が増える。指示の理解に困難がある子にとってはそれが苦痛となる場合も。⇒c

●**人が多いことによる騒がしさ、人とくっつきあうことなどが苦手**
感覚が過敏な子は、人が多く騒々しい場所に耐えられない。
また肌に過敏性があり、並んだりする際に人とくっつくことを嫌がっているケースもある。⇒d

どんな対応をすればよい？

a

練習があるときは、活動スケジュールを示し、どこが変更になったかを目で見てわかるようにして伝える。天気によって予定が変わるときなども、その可能性を示しておく。

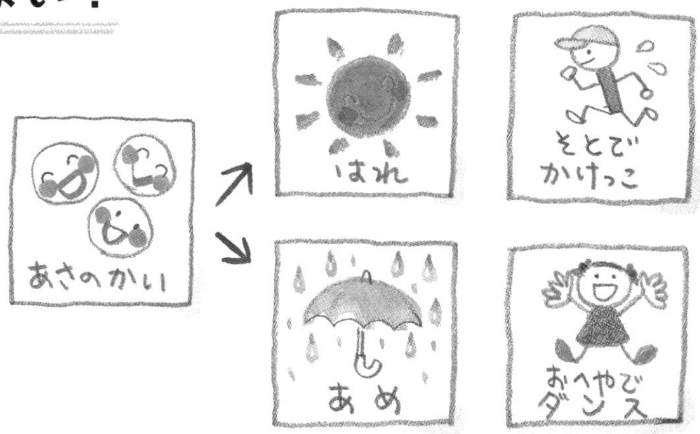

b

初めての行事の場合は、昨年度のビデオなどを見せ、何があるかを知らせる。ただし、日程や顔ぶれが違うので、それを見ても不安であることは理解しておく必要がある。

c

何をすればいいのかわからないために苦手意識をもってしまう子もいる。並ぶ位置はいつも同じにする、やることはわかりやすく伝えるなどの工夫をしてその子なりに参加できたらほめる。

d

最初は少しだけ参加するか、全体の流れを見ているだけにし、徐々に参加する度合いを増やしていくようにする。人が多いのが苦手なら、行事本番では自分の出番だけ参加し、あとは部屋で過ごすことも認める。保護者には練習中の姿を見てもらうなどして理解を求める。

友達とのかかわりで気になること 13

友達をたたく・ひどいことを言う

自分の思いどおりにならないとき、あるいは理由が見当たらないにもかかわらず、友達をたたいたり、ひどいことを言ったりする子がいます。つい悪い行動に目を向けがちですが、その子のいいところに注目することが大切です。

その背景にあるものは？

●衝動を抑えられない

その場面で芽生えた怒りや不安をコントロールすることが難しく、暴言、たたくといった行動をしてしまう。⇒a、d

●自分の気持ちを言葉でうまく表現できない

コミュニケーションの力が十分に育っていないため、思いを言葉でうまく伝えられずに乱暴な行為におよぶことがある。⇒b、d

●場面を正しく理解できない

状況や相手の気持ちを把握するのが苦手なため、なんでもない場面を被害的に勘違いしてしまう。⇒c、d

●先生や友達に注目してほしい

乱暴な行為をすると注目してもらえるからという理由で、たたいたり暴言を吐いたりする行動が定着してしまう。⇒d

どんな対応をすればよい？

a

たたく場面に発展しそうだ、と感じたら、保育者が間に入る。その子が興奮してきた時点で、クールダウンできる場所へと誘導し、たたかなかったこと、我慢できたことをほめるようにする。

急に取られて
ビックリしたでしょう。
ごめんね
かいくん
ひまわりルームへ
行こう

b

その子の気持ちに寄り添って、どう言えばいいのかモデルを示す。

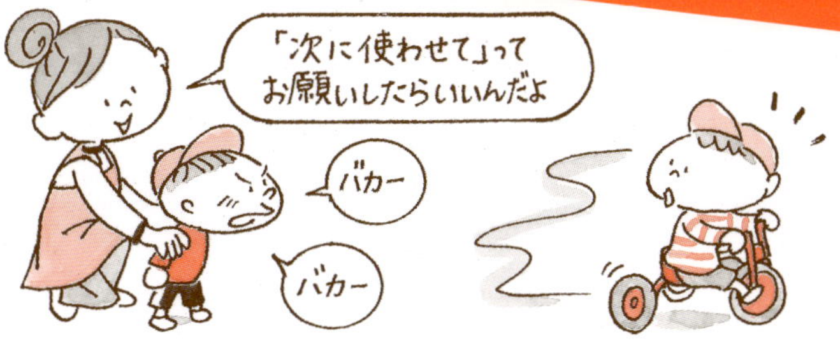

c

本人の気持ちに共感し、友達の気持ちについて説明する。イラストなどで伝えると、より伝わりやすい。

d

きつくしからないようにすることが大切。自分はダメだと落ち込み、わかってもらえない落胆からさらに乱暴になることがある。悪いことをした場面では、その子の思いを代弁し、何をすべきかだけを指示する。また、普段穏やかにしているときにこそ注目してほめるようにする。

Column

「気になる行動」、園だけでは見極められないことも

子どもが「気になる行動」をするからといって、必ずしも発達上の課題を抱えているとは限りません。生活リズムの乱れや両親の不仲、家族の入院などの問題が、子どもの「気になる行動」の原因となることもあります。最も深刻なケースでは、保護者からの虐待があり、人への不信感、過度の自己防衛から問題行動を起こしてしまう子どももいます。虐待によって、正常な発達が阻害されるという科学的な知見も報告されています。このように「気になる行動」の背景はさまざまあり、園で対応を考えただけでは解決しないであろうケースも多々あるのです。大事なのは園だけで問題を抱え込まないこと。保護者から家庭での姿を聞くことも必要ですし、行政や特別支援学校、専門家など外部機関と連携をとって問題を解決する姿勢が望まれます。

友達とのかかわりで気になること 14

友達とあそばない

友達とはあそばずに、ずっと１人あそびを続ける子がいます。ほとんどの場合、本人に寂しそうな様子はありません。無理に集団あそびに誘うのではなくその子の好きなことを通して、友達への関心を育てていきましょう。

その背景にあるものは？

●人と接するときの不安が強く、１人あそびが安心

ほかの子どもの反応は、予測ができないもの。見通しがつかないと不安になる子は、１人で過ごすほうが心地よい。⇒ a、b

●そのあそびにこだわりがあり、ほかに関心が向かない

興味のあるあそびや対象が限定されていて、周囲の人や物事には関心が向かない子がいる。⇒ a、b

●ルールやその場面を理解するのが苦手で気後れしている

友達とはあそびたいがコミュニケーションのとり方がわからない、あそびのルールが理解できないなどの理由で気後れしている。⇒ c、d

どんな対応をすればよい？

a

人とあそんで楽しかった、という経験を積むのが大切。まずは保育者と一対一であそべることを目標にする。保育者はその子が好きなことを一緒にやる、その子が好きなあそびと似た別のあそびを提案するなどの働きかけを行うとよい。

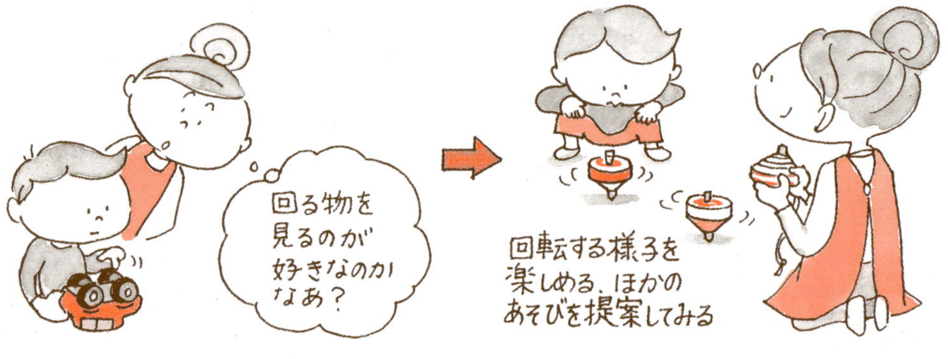
回る物を
見るのが
好きなのかな
なあ？
回転する様子を
楽しめる、ほかの
あそびを提案してみる

b

その子と同じことが好きな子と一緒に図鑑を見るなど、楽しい雰囲気のなかでほかの子とかかわりがもてるように工夫する。

c

気後れして友達の輪に入れない場合は、保育者が声のかけ方などの手本を示す。

d

あそびのルールを視覚的に説明すると、理解できる場合がある。もしくは保育者もあそびに入り、その都度ルールを教える方法も。ほかの子どもにも理解を求める。

友達との
かかわりで
気になること 15

勝つことにこだわる

「勝ち」「一番」以外の結果を受け入れられない子がいます。自分の予想したとおりの結果が得られないと、かんしゃくを起こしたり、ほかの子を責めたりすることも。時間をかけて、「負けても大丈夫」ということを伝えていきましょう。

その背景にあるものは？

● 「勝ち」以外の結果を予想できない

自分が勝つ、と予測すると、それ以外の結果を受け入れられなくなる子がいる。勝てば気持ちが安定するが、負けると不安に。⇒ a、b、c

●負ける＝ダメな子だと解釈してしまう

勝敗は試合やゲームのなかだけの話だということが理解しにくい子がいる。負けると、自分が全否定されたような気持ちになってしまう。⇒ a、b、c

● 「一番」の場所にこだわっている

勝ち負けにこだわっているのではなく、「ここじゃないといけない」など、「一番」にあたる場所にこだわりがある。⇒ d

どんな対応をすればよい？

a

かんしゃくを起こしたら、まず集団から離して子どもの気持ちを静める。落ち着いてきたら「勝ちたかったのね」と共感を示し、「次は勝てるかもしれないよ」と、一度負けても次の機会にチャレンジできることを伝える。

b

事前に「負けることもあるし、勝つこともある」ということを伝えてからゲームに参加する。もし負けたときはどう行動するか、子どもとシミュレーションしてみるのもよい。負けそうな展開になっても、ゲームに参加できていたなら、そのことをほめる。

c

「最後まで走り続けたことがえらい」など、普段から「勝ち負け」以外の別の価値観を教えておく。保育者と子どもでゲームをして「負けたときにどう行動するか」というモデルを保育者が示すのもよい。

d

「一番」ということではなく、その場所自体にこだわりがある場合には、その子どものための空間を別に用意する、こだわりのポイントを見つけ、それを２番、３番の場所にもつくるなどの工夫を。

友達とのかかわりで気になること 16

友達と適度にかかわることができない

相手の顔をのぞきこんで話しかける、断られているのに何度も誘うなど人とのかかわり方がしつこくなってしまう子どもがいます。友達への関心を大切にしながら、適度なかかわり方ができるように援助していきましょう。

その背景にあるものは？

●相手の気持ちや反応を理解するのが苦手

相手の反応に込められた意図がつかめないために、かかわり方がしつこくなってしまう。⇒a、b、c

●はしゃぎすぎて加減ができなくなる

あそぶうちに興奮してしまい、抑制が利かなくなる結果、相手が嫌がっているのにそれを察知できなくなる場合がある。⇒d

どんな対応をすればよい？

a

人の気持ちを察することが苦手な子に対しては、相手の気持ちを保育者が代弁していくことを続ける。

あとでね
「あとで」って言われたら あそべないことなんだよ ほかのお友達を 誘ってみようね

b

「お友達が嫌がること」と、「どうしたらいいのか」の２点を、具体的な行動を例に挙げて伝える。いい例と悪い例を視覚的に見てわかるように伝えると、理解しやすくなる子どももいる。

c

ほかの子に理解を求めることも大切。「気になる子」にどう言えば伝わるかというモデルを、ほかの子に対して保育者が示していく。

d

子どもに興奮しそうな気配が見えたら、できるだけ早めに介入し、別のあそびに誘うなどして気持ちを切り替えることを促す。

Column

トラブルが起こる前の対応も重要

かかわり方がしつこいけれどトラブルになるほどではない、という子どもの場合、特別な対応策をとらずにすませることも多いでしょう。しかし、放置しておくと「しつこい、嫌な子」と思われ、それがいじめなどにつながることもあります。子どもの育ちにとって、特定の子をさげすむ気持ちが芽生えることは好ましいことではありません。これを避けるためには、「気になる子」の人間関係における不器用さを「不得意な部分」として、日ごろからさりげなく周囲の子に伝える姿勢が大切です。どうしてそういうことをしてしまうのか、という「気になる子」の気持ちを代弁するとともに、気になる子の行動で嫌な思いをした子どもの気持ちにも共感を示し、相手を理解することの大切さを伝えていきましょう。

友達とのかかわりで気になること 17

あそびのルールを守らず、トラブルになる

みんなであそぶ際にルールを守れない子どもがいます。ほかの子からは「ずるい」と非難されたり、「一緒にあそびたくない」と言われたりします。その子なりのルールを守れない理由を推測して対応しましょう。

その背景にあるものは？

●ルールを理解するのが苦手

状況を判断する力が弱く、「オニにつかまると自分がオニになる」などのルールが具体的にどんな場面で適用されるのか理解できない。⇒a

●安心できる部分だけ参加したい

つかまりそうな場面が怖い、タッチされるのが嫌など、あそびのなかにその子が苦手とする部分があることも。⇒b

●感情をコントロールできない

オニになるのが嫌な子は多いが、その感情をコントロールする脳の部位の発達につまずきがあり、気持ちを抑えられない。⇒c

どんな対応をすればよい？

a

その子が理解できる簡単なルールに変更する。例えばオニごっこなら最初から追いかけるグループと逃げるグループに分けるなどの工夫が考えられる。ルールを図を用いて視覚的に説明する、保育者がそばにつき、何をすればいいのか教えつつ参加するなどの方法もある。

b

保育者がそばについてあそびに参加し、「はらはらして楽しかったね」など苦手な部分の楽しみ方を伝えていく。

キャー
つかまっちゃったー お友達を 追いかけるのも 楽しいよ
まてー！

c

あそぶ前に「負ける可能性があること」「それでもやめないで続けること」などを確認する。もし守れなくてもしからずに、子どもの気持ちに共感しつつ、ルールを守るように促す。最初に約束したことを思い出させる声かけをしてもよい。

オニになって イヤだよね
最初に オニになるかも しれないって わかっていたけど ガマン できなかったんだね
もう やめる！
キャー！

Column

それぞれの個性を認め合い、ともに育つ園へ

保育者は「気になる子」の状態に応じた指導目標を考え、
その育ちを支援していかなければなりません。そして、それと同様に大切なのが、
「気になる子」とほかの子どもたちが互いにかかわりながら育ち合う環境づくり。
ここでは、すべての子どもたちの豊かな人間性を育むために、保育者ができることを考えていきます。

幼児期は「あるがまま」を受け入れることができる年代

幼児期は、大人と違い先入観にとらわれることがない年代。発達障がいがある子どものことも「障がいがある友達」という認識ではなく、「Kくんはこういう子」とあるがままの姿を理解し受け入れていきます。そんな子どもの目線を尊重し、同じ園で過ごす仲間としてかかわることができるように支援する姿勢が望まれます。

実践エピソード１

一緒に過ごすうちに、子どものなかには「気になる子」とあそびたいという気持ちが育っていることが多くあります。

言葉とコミュニケーションに困難がみられるA児。A児はブランコを揺らしてもらいながら、歌を聞くのが好きだったので、担当保育者は毎日のようにブランコであそんでいました。

ある日、担当保育者は用事で一瞬ブランコのそばを離れました。戻ってみると、B児がA児の乗ったブランコを揺らしながら歌を歌ってくれていました。「Aちゃんと初めてあそべた。『ブランコ、ぐいぐい』って言ってくれたの」とB児はうれしそうに報告してくれました。

この例では、意図したわけではありませんが、担当保育者の不在により、短時間であってもA児とB児の間に親しいつながりを築くことができました。「初めてあそべた」という言葉から、B児が「お世話をしてあげた」という認識ではなく、対等な存在としてA児に接していることがわかります。このような子どもの心の動きに気づいたら、ほかの子と「気になる子」が一緒にあそべる場面を設定してみるのもいいかもしれません。ともにあそぶことで、子どものなかで「違いがあっても、一緒に楽しく過ごす仲間」という意識が育っていくことでしょう。

ほかの子どもへの対応を考える

「気になる子」に対して、ほかの子が疑問をもったり不満を抱いたりすることがあります。そんなとき、どう対応すればいいのかを考えてみましょう。

ほかの子が「なぜあの子だけいいの?」と聞いてきたら…

例えば、「どうしてTくんは立っても怒られないの？」などとほかの子（Sくん）に聞かれたら「Tくんは今、座ってお話を聞く練習中なの。そのうち座れるようになると思うよ」と、本当は座ったほうがいいこと、今は練習中であることを伝えましょう。「じゃあぼくも立っていい？」と聞かれることもあります。その場合は「Sくんは鉄棒ができるようになった頑張りやさんだよね。だから頑張って座ることもできるんじゃない」と子どもの自尊心をくすぐりつつ、望ましい行動をしたくなるように仕向けていくといいでしょう。

「気になる子」の長所や優れた点を保育者が伝える

「たたく子」「ずるい子」など悪いところばかりがクローズアップされ、ほかの子どもたちに「気になる子」を疎ましく思う気持ちが芽生えることがあります。そんな子どもの心の動きを保育者は否定することなく、まずは受け止めることが必要です。その一方で、保育者は普段から「気になる子」の長所や優れた点を伝えるようにして、ほかの子どもが「気になる子」のいいところも発見できるように導いていきましょう。

実践エピソード２

普段から「気になる子」の得意なことをほかの子どもに伝えておくことで、子ども同士が自然に互いを尊重し合い、いい関係を結ぶきっかけを提供できることがあります。

言葉に遅れがあるが、製作には集中して意欲的に取り組むC児。作品を展示することで、「Cちゃんは工作が上手」とみんなが認める存在となっていました。

年長となった５月、学年共通の課題として、春の遠足で行った遊園地をテーマとした絵をかきました。Ｃ児は本人の希望で小さなゴーカートを作ったのですが、その作品を見たＤ児とＥ児が「同じものを作って、のってあそびたい」と発案してきました。

保育者はその思いを受け止め、D児とE児が作れるように段ボールと台車を用意しました。子どもたちが作り終えたゴーカートであそび始めたところ、Ｃ児が「のるー」と言いました。

D児とE児は、その言葉にすぐ気がつき、「いいよ」と言ったので、Ｃ児はうれしそうにのり込みました。1周したところでC児が「もう１回（周）」と言ったのですが、D児に「もう終わりだよ」と断られ、肩を落としてC児はゴーカートから降りたのでした。

D児とE児は、C児の製作に刺激を受け、そのイメージを再現したゴーカートを作りたいと考えました。これは、普段からC児の作品を展示することで、ほかの子どもたちのなかにC児の製作を高く評価する気持ちが育っていたからだと考えられます。C児は普段一緒にあそぶことは難しく、子どもたちはそれもC児の個性と受け止めていました。しかし、この場面では、「のるー」というC児の言葉をすぐに受け入れ、一緒にあそんでいます。その一方で、「もう１回」という要望を断った様子から、D児たちがC児を特別扱いせず、１人の友達として自分の思いを率直に伝えていることがわかります。この例では、子どもたちが自分と相手との違いを認識しつつもそれにとらわれることなく、お互いのいいところを生かし合っています。自分も相手も大切にしながらかかわりあえる、これこそ保育者が目指したい子どもたちの姿といえるかもしれません。

ほかの子が「気になる子」の参加を嫌がったら…

「そんなこと言っちゃだめ」と否定せず、「何かあった？」「どうしてそう思うの？」というように、子どもが気持ちを素直に出せるように励まし、一緒に考えることが大切です。そのうえで「だれでも苦手なことがあること」「その子なりに頑張ろうとしていること」「自分が仲間外れにされたらどう思うか」といったことを子どもと話し合います。リレーなどで勝ちたいという思いから、「気になる子」の参加を嫌がる場合は、どうすれば一緒に参加できるか話し合ってみるのもいいでしょう。ただし、「気になる子」本人や保護者がクラス全体での話し合いを望まないこともあります。事前に保護者に相談して了承を得ておく配慮が必要です。

※エピソードは平成 14 年度東京都文京区立柳町幼稚園研究収録を参考にしています。

そのほかの
気になること 18

突然パニックを起こす

急に泣き叫んだり、自分や他人を傷つけたりする子がいます。
理由がわからず周囲は戸惑いますが、その子なりのパニックを起こすきっかけがあります。よく観察して要因を突き止めていきましょう。

その背景にあるものは？

●本人にとって予想外だったこと、不快なことがあり、恐怖や不安が生じている

普通の精神状態ではいられないことがあり、気が動転した結果、パニックが起こる。
ほかの人にとってはささいなことが、その子にとっては恐怖や混乱を招くことも多い。⇒a

どんな対応をすればよい？

a パニックの前にあったことや周囲の状況を観察する。きっかけが推測できれば、それを取り除くようにする。

きっと肩たたかれて
びっくりしたんだよ。
まー君、急に触られるのが
苦手なんだ
まー君って
お名前を言って
大丈夫そうなら
触るといいよ

原因やスイッチとして多いこと

パニックを起こすのは、子どもにとってもつらいこと。できるだけパニックを防ぐために、いつどんなときに起こしやすいか、突き止める努力が大切です。保護者に相談して原因を推測する、パニックの前後の周囲の状況や保育者と子どもの対応をメモしておき、いくつか記録が集まってから分析するなどの方法で、パニックを起こす原因がわかることもあります。下にパニックを起こす要因の例をいくつか挙げたので参考にしてください。ただし、「過去の経験が突然頭に浮かびパニックになる」など原因を突き止めるのが難しいケースもあります。原因や対処法がわからない場合は専門家に相談するといいでしょう。

- **予想していた活動内容と違っていた**
- **いつもあるものがない。または場所が変わっていた**
- **過去に嫌な経験をしたことがあり、そのときと似た状況になった**
（例：病院が嫌いな子が、白衣の人を見かけたなど）
- **蒸し暑いなど気候が不快**
- **触られると不快な部位があり、そこをだれかが触った**
- **服などがぬれてしまった**
- **眠い、疲れていて頭がボーッとしている**
- **うれしい、楽しいなどで興奮している**

Column

パニックになったときの対応

パニックが起こってしまっても、保育者が慌ててはいけません。大きな声を出すことも慎みましょう。基本的には静観して、興奮がおさまるのを待ちます。日頃からその子が気持ちを落ち着かせられるような場所を用意しておき、パニックが起こったときはそこへ連れて行くといいでしょう。他害行為がある子なら、ほかの子との間に保育者が入るなどして、その子からほかの子を遠ざけます。自傷がある場合は、クッションやタオルで傷つける部位を保護します。パニックがおさまりかけたら、その子の好きなおもちゃなどを与えて、気分転換を促します。そのときには「泣きやんでえらかったね」「よく我慢できたね」とほめましょう。

そのほかの
気になること 19

危険な行為をする

高いところから飛び降りる、車道に向かって走り出すなどの
危険な行為をする子がいます。行動が素早く、事前に止められないことが
ほとんどです。子どもの安全を確保することを最優先しつつ、対策を考えます。

その背景にあるものは？

●悪いことだとわかっていない
口頭での注意を理解しづらい子がいる。ある場所でしかられた場合、その場所でのみダメと認識し、ほかで同じことをする子も。⇒a

●興味のあるものに集中しすぎる
自分の好きな車が通るのを見かけたりすると、それしか目に入らなくなり、周囲の危険な状況を認知することができなくなる。⇒b

●危険だということを認知できない
感覚の発達につまずきがあり、高さなどを認知しづらい子がいる。危険な行為で得られる感覚が本人にとっては心地よいことも。⇒a、b

●保育者の注目を得たい
危険な行為をすると、保育者が駆け付けたり、声をかけたりしてくれることが、本人の楽しみとなっていることがある。⇒c

どんな対応をすればよい？

a

やってはいけないことを「×」マークで視覚的に示す。それと同時によく似た刺激が得られる別のあそび方を提案する。

×のぼらない
まどに
のぼらない
ここからなら
飛び降りていいよ

b

原因となったものを可能であれば取り除く。また、ゴミ収集車が見たいなどの場合、時間を決めて見に行くようにする方法もある。危険な行為をしてしまったら、危険であることを簡潔な言葉で、または絵にするなどして視覚的に伝える。どう危険か子ども自身に考えさせてもよい。

c

危険な行為をしていないときにたくさん注目する。その一方で危険な行為を止める際には、冷静な態度で止めるように心がける。

そのほかの
気になること **20**

園で落ち着いて食事ができない

園での食事場面で、立ち歩いたり何かに気を取られたりして、食が進まない子どもがいます。
無理強いすることは控え、楽しい雰囲気のなかで食事がとれるように工夫することが大切です。

その背景にあるものは？

●周囲のことが気になり、どうしても体が動いてしまう

周囲の刺激に敏感に反応してしまい、食事に集中できないことがある。感覚統合（P78参照）の発達に遅れがあり、いすに座り続けることが難しく、気が散ってしまう子も。⇒a

●園でほかの子どもと一緒に食事することに抵抗がある

食事は家で、あるいは保護者と食べるものといった何らかの思い込みがあり、大勢のなかでは食べられない子がいる。⇒b

●もともと食が細い

食べることに対する意欲がもともと低い子がいる。家庭と環境が大きく異なる園ではさらに食べなくなることも。⇒c

●食事の時間に終わりがあることをわかっていない

決められた時間内に食べなければならないことが理解できていない子もいる。⇒d

どんな対応をすればよい？

a

壁に向かって座らせるなど、周囲の情報が入りにくい場所にその子の席を設置する。また、いすにすべり止めを敷いたりするなどして、おしりが収まるように工夫する。

おもちゃは見えないように
窓や廊下が見えないように
近くには静かに食べる子を

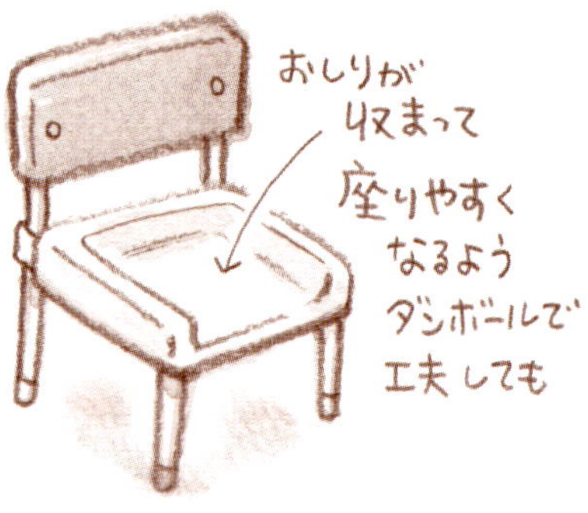

おしりが収まって座りやすくなるようダンボールで工夫しても

b

まず園で家族以外の人と食事することを習慣づける。最初は、信頼できる保育者が付き添って別室で食事をとり、徐々にほかの子どもたちが食べている場所に近づいていく。家庭と同じ食器や、その子が好きなキャラクターの食器にすることで食べられる子もいる。

c

食後にシールや好きな活動などのごほうびがあることを伝え、少量でも口にできたらほめる。食事をしたら楽しいことが起こると、子どもに思ってもらうことが重要。食器に少量を盛って出すことで、食べられるようになる子もいる。

これ食べたら
電車で あそぼう

d

時計やタイマーなどで終わりの時間を示す。時間内に「ごちそうさま」ができたら、好きな活動やシールなどごほうびとなるものを与えるとよい。

長い針が
8までできたら
ごちそうさま

そのほかの気になること 21

偏食が激しい

数種類の決まった食べ物しか口にしない子がいます。栄養がきちんととれているのか心配になりますが、決して無理強いはせず、保護者と話し合って長い目で見守っていきましょう。

その背景にあるものは？

●感覚過敏がある

味覚、触覚、嗅覚などに過敏性があると、味や食感が気持ち悪い、においが苦手などの理由から決まった食べ物しか口にできないことが。⇒ a

●食材が混ざっているのが嫌、など何らかのこだわりがある

複数の味が混ざると不快、家庭と盛り付けが違うなど、その子なりのこだわりがあるために、偏食を示す子もいる。⇒ b

どんな対応をすればよい？

a ひとかけらなど、ごく少量を食べるように促してみる。ただし無理強いはしない。

これをパクッてしたら、うどんだよ

b 保護者から家庭でどのように食べているのかを聞き、食材ごとに盛り付ける、ふりかけの持参を許可するなどの手立てを。

食材を分けて出す
混ぜごはん
具
ごはん

Column

成長に伴って食べられる物は増える

偏食がひどい子どもであっても、「お友達に促されて」「遠足で」など周囲の働きかけや環境の変化で、新たな食材を口にすることは少なくありません。また、成長につれて好みは変化するものです。周囲は「いつかは食べられる」とおおらかに見守り、偏食があっても楽しい雰囲気のなかで食事がとれるように配慮していきましょう。

そのほかの気になること 22

特定の音を怖がる

ほかの子どもが泣く声やサイレン音など特定の音をひどく怖がる子がいます。
その子特有の聞こえ方があることを想像し、理解してあげることが重要です。

その背景にあるものは？

●聴覚過敏がある

物が落ちる音が雷のように聞こえる、子どもの甲高い声が響いて痛く感じるなど聴覚に過敏性がある子どもがいる。⇒a、b、c、d

どんな対応をすればよい？

a　その子の位置を苦手な音から離れた場所にする。つらいときに落ち着くための静かな居場所を作ってあげてもよい。

b　運動会のピストルを笛にするなど、変更可能なものは代替手段を考える。音がすることが予測できる場合は、「これからサイレンが鳴るよ」などと予告を。

c　保護者の了解を得て、イヤーマフ、耳栓などを利用する。

d　苦手な音を非常に小音量から聞かせる、または遠く離れた場所で聞かせるなどして時間をかけてゆっくりと音に慣れさせていく。

そのほかの
気になること 23

トイレに行けない

園のトイレを嫌がり、我慢したりおもらししたりする子どもがいます。
トイレを嫌がるその子なりの理由を突き止めるとともに
園のトイレが楽しい場所になるような工夫が求められます。

その背景にあるものは？

●家のトイレでないと安心できない

家のトイレへのこだわりが強く、園のトイレに行きたがらない子がいる。
また、水を流す方法などがわからないためにトイレに行けない場合も。⇒ a、b、c

●トイレが怖い

ほかの子は平気でも、その子にとって不安を感じる何らかのポイントがある場合も。暗い、においが嫌などが考えられる。⇒ a、b、c

●水の流れる音などが苦手

水の流れる音が怖い子がいる。ほかの子がいつ水を流すかは予想がつかないため、みんなでトイレに行くことに抵抗を示す。⇒ d

どんな対応をすればよい？

a

いきなり用を足すことを促すのではなく、まずはトイレに入ってみる、便座に座ってみるなどスモールステップでトイレに慣らしていく。

トイレ
今日はトイレの中をお散歩してみよう

b
保育者が付き添えば行ける子もいる。使い方がわからず気後れしていることもあるので、水を流す方法などを少しずつ教えていく。その子の苦手意識が薄れるまで、一緒についていくとよい。

水はこのレバーを押すと流れるよ

c
トイレが明るい雰囲気になるような工夫をする。その子が恐怖を感じそうなものがないか、普段の様子から見当がつくなら取り除く。

こまめに掃除する
壊れたところは直す
照明を明るくする

d
最初はほかの子と別にトイレに行き、1人で用を足せるように配慮する。自分が水を流す音なら心構えがあるので、少しずつ音に慣れていける可能性も。

みんなのトイレタイムの前に行こうか

Column

そのほかの工夫

1日のスケジュールにトイレを組み込んで視覚的に示す。

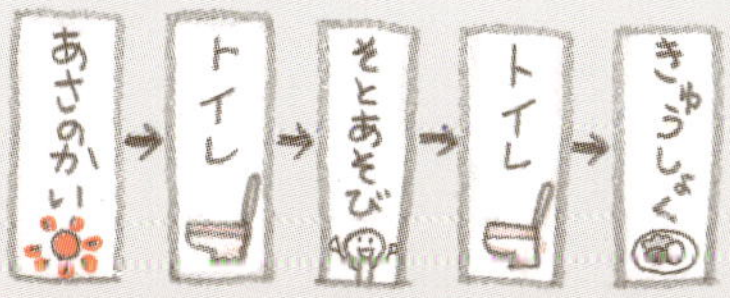
あさのかい
トイレ
そとあそび
トイレ
きゅうしょく

トイレに行くとその子にとって「いいことがある」ようにする。スタンプカードやその子の好きなキャラクターに会えるなどの工夫を。

トイレカード
メダルゲット

人勢では無理でも好きな子と2人なら行けることが。

トイレに行こう

そのほかの気になること 24

寝ない

午睡の時間にどうしても寝てくれない子や、夜に寝てくれず
保護者を困らせてしまう子がいます。家庭と協力して、
1日の睡眠のリズムを整えるような働きかけが求められます。

その背景にあるものは？

●睡眠のリズムがつきにくい特性をもっている

少しの刺激に敏感に反応して目が覚める、脳を眠りへと導く機能に問題があるなどの理由から、グッスリ眠ることが難しい。⇒a

どんな対応をすればよい？

a 園で無理に午睡させると、家庭での睡眠時間の遅れにつながる可能性が。どうしても寝てくれないなら、ほかの子の睡眠を妨げないように別室で過ごさせるとよい。

Column

家庭と協力して生活リズムの確立を

発達障がいのある子どもに睡眠の問題がみられることはよくあります。「深夜まで寝つかず、はしゃいでいる」「夜中や朝方泣き叫ぶ」といったケースでは、保護者が睡眠不足で疲れきっていることもあるでしょう。このような場合は、「お子さんが園にいる間に休んでください」といったねぎらいの言葉をかけるとともに、園では「午睡はしない」「日中の運動量を増やす」、家庭では「夜遅く寝ても朝は同じ時間に起こしてもらう」など工夫をして生活のリズムを整えていきます。睡眠のリズムは生活全般に影響することなので、園の事情だけで対応せず、保護者とよく話し合うようにしましょう。

そのほかの
気になること 25

いじけやすい

「ボクなんてどうせ」「仲間に入れてもらえない」と自分を否定的にとらえる姿がよくみられる子がいます。消極的な態度が自信のなさの表れである場合もあります。その子の自尊心を育てることを目標にかかわっていきましょう。

その背景にあるものは？

●しかられた経験が多い

発達障がいのある子は、しかられる経験、非難される経験がどうしても多くなり、自尊心が育ちにくい傾向がある。⇒a

●場面を正しく理解できない

状況や相手の気持を推測するのが苦手な子がいる。そのような子は、場面を被害的に理解してしまうことも。⇒b

どんな対応をすればよい？

a 今、できることに注目してたくさんほめる。ほかの子にもその子のよさを伝えることが大切。

みんな見て。
こう君 靴をそろえて
くれているよ
ありがとうね

b 保育者がその場面の状況や相手の気持ちを説明する。このときに、いじけてしまった本人の気持ちにも共感するとよい。

まあ君たちに
入れて
もらえなかった
入れてって言ったのに
無視されたと思ったんだね
大丈夫。
まあ君たちは
聞こえなかった
だけだよ。
もう一回、大きな
声で言ってみようか

そのほかの
気になること 26

服をすぐに脱ぐ、のりが手に付くのを嫌がる

服をすぐに脱いでしまう、手に何か付くことをひどく嫌がる、という子がいます。このような子どもは、ほかの人にはなんともない刺激を「痛い」「気持ち悪い」と感じている可能性があるので、無理強いはしないようにします。

その背景にあるものは？

●肌の感覚が鋭い

皮膚の感覚が鋭く、ほかの人が感じないような微細な刺激も「チクチクして痛い」「ムズムズして気持ち悪い」と感じている。⇒a、b、c

どんな対応をすればよい？

a　感覚の鋭敏さを緩和するために、普段からスポンジやふわふわの毛糸玉などいろいろな感触の物にふれるあそびを行う。乾布摩擦、ブラシマッサージなどで過敏性が軽減されることも。

b

のりを嫌がる場合は、ヘラやおしぼりを準備するなど、嫌な感触をやわらげる工夫を。また、少量ののりを小皿にとると、触れるようになる子もいる。

c

洋服を脱いでしまう場合は、「これなら着られる」という服を探す。タグを取るなどの配慮が有効な子も。

Column

感覚過敏について

気になる行動を示す子のなかには、触覚だけでなく、視覚、聴覚、嗅覚、味覚の受け止めと処理に特性をもつ子がいます。これを感覚過敏といい、特定の音が苦手、極端にまぶしがる、においを異常に嫌がるなどの行動として表れます。このような行動がみられたら、保育者は「この子にとって何が不快なのか」を観察して推測することが大切です。例えば、特定の服を着てきた日は1日中機嫌が悪い、といったことがあれば、その洋服のタグや生地の感触が嫌なのでは、と推測することができます。保護者とも情報を交換し、原因が推測できたら、可能な範囲でそれを取り除くようにしましょう。取り除くことが難しい場合は、好きなあそびやおもちゃで気分転換を促します。また、感覚過敏による苦痛を理解してもらえるだけで、子どもの心が安定することもあります。「急に触られたら痛いよね」「あの明かりがまぶしいんだね」など、保育者は子どものつらさを言葉にして共感を示すようにしましょう。

そのほかの
気になること 27

動きがおぼつかない

走り方が変わっている、片足立ちができないなどの運動面での不器用さ、
はさみが使えない、ボタンが留められないなど手指の不器用さが
ひどく目立つ子がいます。普段の保育で発達を促していきましょう。

その背景にあるものは？

●運動面や細かい手指の動きに発達の遅れがある

発達障がいがある子は、運動や手指の細かい動きの発達に遅れがみられるケースが多い。⇒a、b

●苦手意識が強い

うまくできないために、運動や工作そのものが嫌になる。その結果、取り組む回数が減り、発達を促す機会が少なくなってしまう。⇒a、b

●行うことや手順がわからない

目で見た動きを即座にまねることが難しい子がいる。また、手順が覚えられず何をすればいいかわからなくなる場合も。⇒c

どんな対応をすればよい？

a

その子が取り組みやすい形での運動や工作の機会を増やす。その子ごとのスモールステップの目標を立て、それができたら大いにほめる。

b 練習量をこなしてもできるようにはならないことを理解して、何度もやり直しをさせないようにする。できたところをほめ、できないところを介助して達成感をもたせる。

保護者と相談してボタンを大きめのものに付け替えてもよい

c 工作などは作り方のプロセスを絵などを使って視覚的に説明する。ダンスの練習などで、動きをうまく模倣できない場合は、手順やポーズを丁寧に伝えるか、カードなどで示すとよい。

Column

すぐにゴロゴロする子どもへの対応

動きがおぼつかない子は、感覚統合（P78 参照）につまずきがあると考えられ、長時間同じ姿勢を保つことが苦手です。立って、もしくは座って話を聞く場面で、すぐに姿勢が崩れてゴロゴロしてしまうことも多いでしょう。そのような場合、活動の合間にこまめに休息をとり、しばらくしたらまた戻るように促していきます。休息中に軽く体操するなど適度に体を動かすとよりよいでしょう。いすの場合は、すっぽり骨盤が収まるように、座面に手作りの補助具（P66 参照）や、姿勢よく座れるようにサポートする市販のクッションなどを設置する方法もあります。姿勢が崩れがちな子も、自分の姿勢を正しやすくなり、よい姿勢を保つことが容易になります。

Column

「気になる子」の発達をサポートする感覚統合あそびとは？

自分の体をうまくコントロールできない子どもには「感覚統合療法」が有効といわれています。
感覚統合の考え方を知り、その要素を含むあそびを日常的に取り入れることで、
子どもの基礎的な運動能力を育んでいきましょう。

感覚統合って何？

日常生活を送っているとき、私たちの脳には、視覚、聴覚、触覚、前庭覚（平衡感覚）などの感覚からさまざまな情報が入ってきています。感覚統合とは、それらの感覚情報を整理整頓し、その場面に合わせて適切に体を動かす脳の働きのことをいいます。例えば、だれかと一緒に道を歩いているときのことを思い浮かべてみてください。会話をしつつも、前方に車が見えたらよけたり、何かにつまずいたときに体勢を立て直したりすることができます。ほぼ無意識に、その場に合った適切な行動をとれるのは、感覚統合という脳の働きのおかげです。

感覚統合につまずきがあると…

これらの感覚統合につまずきがあると、何が起こるでしょうか。例えば、視覚からの情報を受け取っても、それに応じて体を動かせない場合、しょっちゅう何かにつまずいて転んだり、机の下の物を拾って姿勢を戻そうとして頭をぶつけてしまったりするでしょう。力の入れ具合を調節できない場合は、物をすぐに壊したり、お茶をコップにうまく注げなかったりすることがあるかもしれません。「気になる子」のこのような不器用さを思わせる行動の背景に感覚統合のつまずきが隠れている、と考えられるのです。

感覚統合につまずきがある子どもたちにみられる様子

感覚統合につまずきがある子どもには、次に挙げるような様子がみられます。
そのどれもが「気になる子」が示す様子と重なるものがあります。
「気になる子」の「気になる行動」には、
感覚統合のつまずきが関わっているのかもしれません。

極端に不器用

体や手指をうまく動かせないため、極端に不器用にみえる。例えば、なわとびやボールあそびが苦手、はしやはさみがうまく使えない、よくぶつかったり転んだりするといった様子がみられる。

多動

刺激に敏感に反応して、体が動いてしまう。また、体の緊張を保ってじっとしていることも苦手。そのため、たえず動き回り、じっとしているときも体を揺らしたり声が出ていたりする。

感覚が鋭すぎる、もしくは鈍い

受けた刺激が正しく伝わらず、ほかの人には何でもない音や感触が、強い衝撃に感じられたりする。もしくは感覚が鈍く、高熱なのに平気でいたりすることもある。

そのほか、筋肉の緊張を持続させるのが苦手であったり平衡感覚が弱かったりすると、横から見た立ち姿が、おなかと首が前に出てだらしなくみえたり、いすに座ってもすぐに姿勢が崩れたり、やたらとゴロゴロしていたりする。情報をうまく受け取れないことによって、いろいろなことを極端に怖がる、などの特徴もみられる。

感覚統合のつまずきを改善するために

「園での活動に
感覚統合あそびが
含まれている」

「気になる子」の感覚統合のつまずきを改善するために、療育機関などで行われるのが「感覚統合療法」です。作業療法士などの専門家が検査や観察でその子の好きな感覚や弱い感覚を見極め、そのうえで全身を使った楽しい活動を行い、感覚統合の発達を促します。もちろんこのような本格的な感覚統合療法は専門家のもとに行かなければ受けることができません。しかし、感覚統合の機能の発達を促す活動は、園で日常的に行っているあそびのなかに含まれています。意識してこういったあそびに取り組むことで、子どもの発達をより促すことができるでしょう。

感覚統合あそびに取り組む際のポイント

できた

●子ども自身が「楽しい」「やりたい」と思うことが大事

そのあそびに意欲的に取り組むことで、脳の発達がより促される。「面白そう」「やってみたい」と子どもが思うように、声かけの仕方や遊具の準備などの工夫を。

●子どもが「少しだけ」頑張ったらできるあそびを

子どもの意欲を高めるのは、少しだけ頑張ったらできるあそび。初めは保育者が少しだけ手伝い、その後に自力でできるようになれば、「自分にもできた」という達成感が得られる。

●子どもの様子を見ながら取り組む

子どもがそのあそびを怖がっていないか、またあそびが「難しすぎず簡単すぎない」ちょうどいいレベルになっているかといったことを観察しながら、取り組むことが大切。

●安全面に配慮する

子どもから目を離さないように気をつける。危険がないよう活動の場所を配慮することや、子ども同士の動線に重なりはないか、教材教具に危険はないか、といったことには十分に注意を払う。遊具から落ちることや転ぶこともありうるので、必要ならば、地面や床、壁などにクッションになる物を置くなどケガ防止対策を。

感覚統合で重要な３つの感覚

感覚統合で重要とされているのは、前庭覚、固有覚、触覚という３つの感覚。私たちが姿勢を保ったり体を動かしたりする際には、この３つの感覚の働きが欠かせません。これらの働きをよくすることが感覚統合あそびのねらいとなります。

前庭覚

体の傾き具合や動いている方向、動きの速さなどを知る感覚。バランス感覚、平衡感覚ともいう。目の使い方や筋肉の張りにも関係している。

固有覚

筋肉や関節などにある感覚で、手足の動きや位置、力の入り具合を知る感覚。体を動かすときに必ず使っている。

触覚

皮膚や粘膜にあり、触ったり触られたりするときに感じる感覚。危険を察知したり、物を識別するために使う。

園でできる感覚統合あそび

ここでは園で取り組める具体的なあそびを紹介します。ここで紹介した以外でも、全身を動かすあそび、触覚を刺激するあそびはすべて、感覚統合の発達を促すと考えていいでしょう。ブランコなど特定のあそびに子どもが夢中になることもありますが、それはそのあそびによって得られる刺激が子どもにとって必要なのだと考えます。ほかの活動も体験させたい場合は、ブランコが好きなら同じように揺れが楽しめる遊具に誘ってみるなど、似たような刺激が得られる別のあそびに誘うことから始めましょう。

バランス感覚を刺激するあそび

ブランコ

子どもが興奮しているときはゆっくりと、ぼんやりしているときは予告してから大きめに揺らしたり止めたりして揺れに変化をつけるとよい。揺れながら前面に提示された絵カードにかかれていた物の名前を言うあそびを取り入れても。

トランポリン

1人で自由に跳ぶだけでなく、保育者が子どもの手を持って補助する。そのうえで、かけ声に合わせてより高く跳ぶ、着地する場所を決めてそこに降りるといったことに取り組ませるとよい。

タイヤなどの吊り遊具

しがみつくことで、筋肉に力を込める経験にもなる。ブランコと同様に子どもの様子を見ながら、揺らし方を工夫するとよい。小さい子どもなら保育者にしがみつくあそびも。

そのほかには……シーソー、平均台、すべり台、バランスボード、ハンモックなどの遊具を。

体に力を入れるあそび

何かを押したり引いたりする

グーッと力を入れて、何かを押したり引いたりするとよい。壁ぎわにマットやバランスボールを置きグーッと押す、遊具やタイヤにロープを結びつけ引っ張るなどの活動を。

スローモーションあそび

保育者が体をゆっくりと動かして、子どもにまねてもらう。手拍子などのリズムに合わせてゆっくり歩いたり、止まったりする活動も、体の動きを調整する力を伸ばす。

そのほかには…何かを持ち上げる、軽い物と重い物を交互に持ちどちらが重いか当てるなどの活動を。綱引き、相撲あそびもよい。

触覚を刺激するあそび

ボールプール

ボールプールに入るだけでなく、保育者がボールを子どもの腕などに当ててぐーっと押すなど圧迫するような刺激を与えてみる。このとき、子どもがボールに視線を向けてから圧を加えると、より触覚への刺激を意識することができる。

マットはさみ

マットや布団などで子どもの全身を包んで圧迫することで、気持ちが落ち着く子がいる。手や足など部位別に圧を加えるのもお勧め。

「何が入っているのかな」ゲーム

中身が見えない箱や袋のなかに物を入れて、何が入っているのかを触って当てる。さまざまな感触の物で試すとよい。感覚過敏がある子には、洗濯ネットのように中身が透けて見える物から始めると安心しやすい。

そのほかには…ゆっくりと体をマッサージする、ポケットや袋のなかに複数の物を入れ、言われた物を取り出すあそび、子どもの背中や手足に「○」や「×」などを指で書き、何を書いたかを当てるゲームなどがよい。

第3章

保護者との付き合い方

特別支援において一番大切なのは、
保護者に寄り添った支援をすることかもしれません。
とはいえ、一番難しいことでもあります。

「気になること」を保護者にどう伝えるか

特別支援教育では、園と家庭とが協力して子どもを支えることが必要とされています。しかし、それを実践するためには子どもについて率直に話し合える関係を保護者との間に築かなければなりません。

内面に葛藤《かっとう》を抱える保護者も

園での「気になる姿」をどのように保護者に伝えるか、これは保育者にとって非常に難しい問題です。我が子以外の子どもをあまり知らず、特に気にしている様子のない保護者に対しては、「子どもが園で困っている様子」を伝えるのではなく、保護者自身が日常生活を振り返り「もしかしてあれは困っているのかも」と気づけるような働きかけをすることから始めましょう。また、子どもの状態に気づいていないように見えても、内面では「ほかの子たちとは何か違う」と不安を感じているケースもあります。その事実を受け入れるのが難しく、表面的には気づいていないふりをしているだけかもしれません。そして、どんなに丁寧な伝え方をされても、我が子についての「よくないこと」を聞かされるのはつらいもの。「先生たち、そんなふうに思っていたんだ」と、信頼関係どころか、大きな溝ができる可能性も大いにあります。本当に今、「子どもの気になる姿」を保護者に伝えることがよいのか、それで協力し合えるようになるのかを見極める慎重さが必要です。

Column

早期療育と保護者の気持ちについて

その子の特性に合わせた早期療育*を行うことで、子どもの適応力が高まり、障がいによって引き起こされる困難が軽減するといわれています。ですが、そのために保護者に療育や診断をせかすのは避けましょう。保護者の気持ちを無視してことを進めた結果、保護者が我が子のことを悲観して子育ての意欲を失ったり、家庭そのものが不安定になったり、といったことが起こらないとは限らないからです。また、いくら早期療育が有効といえども、保護者が納得していない状態では、望ましい結果は得られないでしょう。保護者の理解がなくとも、園で適切な指導を行うことは可能です。保育者は保護者の気持ちが安定するのを根気よく見守りつつ、巡回相談を利用するなどして、今、園でできる支援を行っていきましょう。

*療育＝肢体不自由児治療の先駆者、高木憲次によってつくられた造語。一般的に、障がいをもつ子どもが生活しやすくなるために行われる医療と保育・教育を意味する。

日々のコミュニケーションを大切に

「気になる子」の場合、保護者への連絡事項が、トラブルなどのよくない内容である場合が多くあります。ですから、日ごろから保護者との信頼関係を築いておくことが、より重要となるのです。日々の送迎の際や連絡帳を利用して、継続してコミュニケーションをとっておきましょう。

そうした日々のかかわりを続けるうちに、「先生はこの子のことを肯定的に考えてくれている」と保護者が感じとってくれると、保護者のほうから「子どもについて心配なこと」を相談してくれるようになるかもしれません。園と家庭とが連携して、情報を交換し、子どもの育ちを支援していきましょう。また、保護者からの要望があったときには、すぐに市区町村の福祉課や児童相談所、教育委員会などの専門機関を紹介できるように情報を集めておくといいでしょう。

関係づくりの Point 1 子どものよいところを伝える

ささいなことでもよいので、保育者が心から感じた子どもの素敵なところを伝えていきます。保護者は「保育者が子どものよいところをきちんと発見して大事に思ってくれている」と感じれば、信頼しようという気持ちになります。保護者から「うちでも、こんなことしてくれたんです」と家庭でのエピソードが聞けるような関係になれればいいですね。

例えば……

どこに何がしまってあるか、ほんとうによく覚えてくれているんですよ

お片付けのとき、張り切って取り組んでくれました。片付けが上手なんですね

お友達が泣いているときに、そばで見守ってました。優しいですね

わたしの 持ってたもの 覚えて くれていて…
そういえば 家でも…

関係づくりの Point 2 保護者に教えてもらう

子どもの「気になる行動」については、「トラブルの報告」ではなく、「対応を教えてもらう」という姿勢で保護者に相談するのもよいでしょう。保護者からの情報で、問題が改善することがあります。また、対処法を挙げることができるのは、保護者が子どもを理解し、愛情をもって育てていることの証といえます。そのことに対する称賛を率直に伝えるといいでしょう。

例えば……

○○君がイキイキしているのは、ご両親のお力あってのことだと思います

お母さんのアドバイスどおりにやってみたら、○○ちゃん、話を聞いてくれました

こんなことがあって、こう対応をしたけど、うまくいかないんです。お母さんはどうされているんですか？

関係づくりの Point 3 担任ではない保育者からも声をかける

園長や主任、担任以外の職員から、子どもを理解する言葉やほめ言葉をかけてもらえるのはうれしいものです。いろいろな人がその子のよさを発見して伝えることで、園全体で子どもの育ちを温かく見守っている、という園の姿勢を伝えることにもなります。

例えば園長や主任から……

○○ちゃんの作品を見ると、発想が豊かでいつも驚かされます

○○君のおかげで、あそびが面白くなったんですよ

お母さんは毎日、頑張っていますね

保護者のつらさを理解する

保護者にとって子どもに障がいがあるということを受け入れるのは、
非常に重くてつらく孤独な作業です。保護者との信頼関係を築くために
保護者が障がいを受け止めていく心の複雑な過程を知っておくといいでしょう。

健常だと思って育ててきた子ども

発達障がいの場合、乳児のうちに気づかれることはまれでしょう。1歳半児健診や3歳児健診で発達の遅れを指摘される、もしくは「うちの子はほかの子とは違う」という漠然とした違和感を抱き始める、園で集団生活をするようになりその子の苦手な部分が目立つようになる、といった経過をたどることが多いようです。園の様子だけで、「この子には障がいがあるのでは」と思っても、その可能性を示すようなことを保護者に安易に伝えるのは慎みます。「障がい」という言葉には、その子どもの人生を左右するような重みがあります。我が子の将来を否定されたように感じ、「健常な子を産めなかった」という劣等感を抱く保護者も少なくありません。

期待と不安の間で揺れ動く幼児期

健常児だと思い育ててきた我が子に障がいがある、その事実を受け入れるのは非常につらい作業です。幼児期はどの子も目覚ましく発達していく時期であり、「気になる子」の保護者も「ほかの子とは違う」という不安と同時に、「成長するうちに追いつくのでは」という期待も抱いているものです。発達障がいの診断をすでに受けている子の保護者であっても、子どもの成長に期待する気持ちはやはり同じでしょう。このように「もしかしたら」という期待と、それを打ち消されるような現実を頻繁に体験する幼児期は、もっとも精神的につらい時期だった、と後になって回想する保護者もいます。

Column

障がいを受容する心の過程

「障がいの受容」とは、障がいがあることを認めて受け入れることを意味します。保護者の障がい受容に関する2つの説を紹介します。

●ドローターらの「段階的モデル説」

ドローターらは子どもの出生直後に奇形があることを知らされた親の感情的反応について研究し、保護者が障がいを知ってから、それを受け入れるまでのステップを**「ショック→否認→悲しみと怒り→適応→再起」**の5段階に分けて説明しました。

●オーシャンスキーの「慢性悲哀説」

ドローターらの段階的モデル説を一見すると、受容が段階を追って順に進むかのような印象を受けますが、実際はそうではありません。それぞれのステップを行ったり来たりしながら、徐々に受容している時間が増える、というのが保護者の心情でしょう。このように保護者が何らかのきっかけで不安や抑うつを繰り返すことを指摘したのが、オーシャンスキーの「慢性悲哀説」という概念です。

受容した保護者の「揺れ」

オーシャンスキーの「慢性悲哀説」にもあるように、子どもの障がいを受容した保護者であっても、子どもの成長の具合がだれの目にも明らかになるような節目で、ほかの子と我が子の違いにショックを受け、落胆することがあるのです。障がいを受容したあとも、何度となく思い悩み、悲嘆にくれ、立ち直る、それが保護者としての自然の姿といってもいいでしょう。保育者はそんな保護者の感情の揺れ動きを当然のものとして受け止め、共感を示していきましょう。受容した保護者に対して、「強く前向きに子育てをする」保護者像を押し付けることのないように気をつけます。

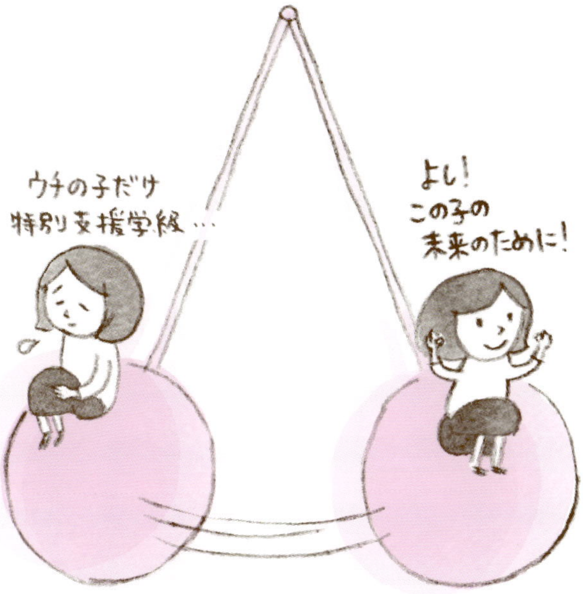

保護者が「親として育つ」過程を支える

保育者は「段階的モデル説」で示される「否認」の段階で立ち止まっている保護者に対して、「早く受け入れてほしい」という思いを抱いてしまいがちです。しかし、子どもの障がいを受容するということは、保護者にとっては一度生まれ変わるほどの大変な大仕事であることを忘れないでください。障がいを受け入れない態度の裏には、「『我が子が期待どおりには成長しない』と思うと、落ち込んでしまい子育てへの意欲が失われる」といった、子どもに愛情をもち続けるための必死の思いが隠されているのかもしれません。その葛藤《かっとう》から抜け出し「障がいがあっても、愛しい我が子」と思えるようになったときに、親として、真に豊かな人間として成長したといえるのでしょう。その成長の途上にいる保護者に対して、保育者は丁寧に接していかなければなりません。保護者の気持ちに寄り添い、その保護者が「親として育つ」過程を見守り、支援していきましょう。

Column

保護者を傷つけてしまったら

「気になる子」の保護者は、周囲の言葉に敏感な状態にあるといえます。例えば、遠足のときに赤い服を着てきた子どもについて、保育者が「(赤色は) 目立っていいですね」と言ったところ、「多動で動き回るから、探すのに見つけやすくていい」という意味にとられてしまった……など、さまざまなケースがあるものです。日頃から言葉に気をつけることは必要ですが、保護者をまったく傷つけずに付き合っていくことは、ほぼ不可能です。予想外の言葉で保護者を傷つけてしまったときにはすぐに謝り、そんなつもりではなかったことを真摯に伝える、そんな姿勢が大事なのではないでしょうか。

いろいろな保護者とその対応

障がいの有無にかかわらず、子どもがそれぞれ個性豊かであるのと同様に「気になる子」の保護者もさまざまです。保育者はどんな保護者も「家族まるごと」支える気持ちで寄り添っていきましょう。

保護者のタイプいろいろ

子どもの状態を積極的に知り、前向きに対処していこうとする保護者もいれば、「ちょっと遅れているだけ」と気楽に考える保護者もいます。しかし、内面では、どの保護者もさまざまな葛藤《かっとう》を抱えているものです。保育者は表面に表れている言動だけで、保護者を評価しないようにします。

いつか追いつくと楽観的

子どもの現状を知らせても「そのうちに追いつくから」と見守っている。

パパも発達がゆっくりだったって、お義母《かあ》さんが言うから大丈夫。きっと心配ない

療育に積極的

障がいについて深く勉強し、療育にも積極的に取り組む。

わたしが頑張れば、この子は社会に適応できるようになるわよね。でも普通に子育てするだけでいい周りのママがうらやましい……

しかってばかりいる

欠点に注目し、しかることで改善しようとする。

こんなに何度も注意しているのにどうして？　夫の言うとおり、私のしつけが悪いせいなの？

障がいを認めることをかたくなに拒む

子どもの困っている点を伝えても認めようとしない。

子どもは心配だけど、障がいがあるなんてわかったら、周囲からどんな目で見られるか。それに今、認めたら仕事を続けられなくなるかも

無関心

すべて園におまかせで、子どもに関心がないように見える。

頑張ってはみたけど、私にはこの子は手に負えない。もう疲れきっていて、この子と向き合うのがしんどい

家族ごとにいろいろな事情がある

子どもの抱える困難に対して、何の対策もとろうとしない保護者にもどかしい思いを感じることがあるかもしれません。しかし、そういった保護者の態度の背景には、夫や姑との関係、経済的な問題、自分の健康など、何らかの事情が隠れていることもあります。例えば、母親は子どもの問題になんとなく気がついていても、夫や姑から「気にしすぎだ」といさめられ、受診することができないのかもしれません。障がいがある、とわかれば仕事を辞めなければならなくなる、と受診を拒む保護者もいるでしょう。「それなりのわけがあるのでは？」と考え、家族をまるごと支える気持ちで寄り添いましょう。

保護者の心の安定を園全体で支える

今の保護者は孤立しながら子育てしている人も多く、子どものことを気軽に相談できる相手がいないこともあります。そういったなかで障がいの可能性を指摘されれば、気持ちが不安定になるのも仕方のないことでしょう。そのような保護者がときには園に怒りをぶつけてくることがあります。クレームを言われるのはつらいことですが、「不安な気持ちが背景にあるのかもしれない」という心構えで耳を傾けていきましょう。そうやって保護者の気持ちに寄り添ううちに、心の根底にある不安やストレスを話してくれることがあります。そのときこそ保護者の思いに共感しながら話を聞きましょう。こういったかかわりを続けることで保護者の心が安定すれば、子どもの状態にもよい変化が生じます。ただし、担当保育者の負担は非常に重くなるため、園全体でフォローする態勢を整えることが欠かせません。

Column

虐待については即対応を

ここまで保護者の気持ちの推移を見守る大切さをお伝えしてきましたが、唯一、園から迅速な対応をとったほうがいいと考えられるのが、虐待が疑われる場合です。右のような兆候が見られたら、園内で対応を検討し、必要であれば児童相談所などの関係機関に通告しましょう。

虐待が疑われる兆候の例
（ひとつの項目だけでなく全般的な様子を見て判断を）

- ●送迎時にたたく、きつくしかるなどの対応が目につく
- ●子どもがおびえたような様子を示す
- ●病気ではないのに、発育が悪い
- ●服が汚れていたり異臭がしたりする
- ●よくケガをしていて、原因などの説明があいまいである
- ●保護者が保育者との接触を避ける
- ●連絡がないまま欠席する

時間をかけて保護者との関係を築く

ここでは保護者に伝えたいことや、1年の流れのなかで
どのように保護者と関係を深めるかについて考えてみます。
園行事などは、子どもの情報を交換するいい機会ととらえましょう。

1年の流れのなかでの保護者との関係づくりを

園生活にはいろいろな節目があります。その節目ごとに子どもは違った姿を見せるので、保育者もそれに応じた対応をとらなければなりません。それは保護者と子どもについて話し合うよい機会でもあります。子どもがより快適に過ごすためにどうしたらいいか、意見を交換しながら保護者との信頼関係を深めていきましょう。

入園前

障がいがあるとわかって入園してくる子どもの場合は、入園前に面談の機会を設けます。このとき子どもの状態を問いただすような雰囲気にならないように気を配りましょう。

保護者から教えてもらうといい項目の例

- 診断名と、そう診断するに至った成育歴、医師の話など
- 療育を受けているか、受けているならその療育機関先の名称
- 身辺自立の状態（排泄、衣服の着脱、食事など）
- 言葉の発達、家庭ではどのようにコミュニケーションをとっているか
- 集団生活で心配していること
- 園の保育に望むこと、子どものどんな力を伸ばしたいか

園から伝えるといい項目の例

- 園の方針や考え方
- 園としては医療機関、療育機関と連携したいので、橋渡しをしてほしいこと

入園式

障がいがあるとわかっている場合は、保護者と一緒に、その子が快適に過ごすためにできることを話し合います。

例えば…

- 入園式の日時、園の写真、着ていく服などを保護者から子どもに事前に知らせておく
- 式の前日に親子で園に来てもらい、会場や昨年度の入園式の写真を見せながら知らせる
- 式では、途中退場や保護者の付き添いを認めるなど

Column

指導内容の記録を残しておく

子どもの行動、園でとった対応、その結果は記録に残すようにします。保護者から相談があったときに、記録をもとにして話すことで、子どもの姿や園の対応を誤解なく伝えることができます。また、記録は子どもの理解を確実なものにするばかりでなく、指導を評価して次の指導を計画するためにも役立ちます。子どものためにも保育者のためにも、個別指導計画は絶対に必要です。「特別な教育ニーズがあっても、適切な指導があれば我が子は伸びる」と、保護者に自信をもってもらうことを念頭において記録をとりましょう。

連絡ノートや日々の送迎で

障がいがあるとわかっている子の場合

必要に応じて園での様子、保育者の対応などを保護者に伝え、子どもへの対応について、こまめに情報交換を。発達障がいのある子どもの場合、普通の子育てで大事なことが、一層大事になります。規則正しい生活を送れるように、連携していきましょう。

入園後に気になる様子が見られた子の場合

最初のうちは否定的な情報を事細かに伝えるのはやめておきましょう。「新しい環境なので、まだ慣れないみたいです」程度にとどめ、園では子どもの行動観察を行い、どのように支援するかを考えていきましょう。（コミュニケーションのとり方についてはP83参照）。

面談で

「気になる子」の保護者に話を聞きたい場合は、面談を行うことになると思いますが、保護者との関係づくりを重視し、慎重に行います。まずは、園や保育者への信頼を高めてもらう機会ととらえたほうがよいでしょう。園で見られるその子の長所やよい行動を話し、その後に保護者の様子に応じて「気になる行動」の対応法について相談をもちかけます。

行事の前に

遠足、運動会、発表会などの行事の参加に困難がある子どもの場合は、保護者と事前に相談します。

大切にしたいこと

- どの程度の参加が可能か、どうすれば参加できるのかを検討する
- みんなと一緒に行事すべてに参加することを保護者が望む場合は、一方的に無理と決めつけず、どんな形でならそれが可能か考える
- 行事の後には、子どもが頑張った姿や楽しんでいたことなどを保護者に伝える

保護者が子どもの困っている様子に気づいていない場合には、事前に相談すべきかどうかというところから、慎重に検討します。

進級にあたって

担任と保護者が面談する機会を設け、一年間の成長や今ある「気になる行動」とその対応について話し合います。担任が替わることがあっても、必ず保育者間で連携することを伝え、進級にあたっての保護者の不安を軽減するようにしましょう。

今度の遠足では、初めての場所を長く歩くのですが、さと君は知らない場所とか苦手だったりしますか？
うーん、そうですねぇ……

就学前は、働きかける最後の機会

「気になる子」がスムーズに小学校生活を始められるように
就学に向けた支援が必要です。就学にあたって適切な指導が受けられるように、
園から保護者への働きかけを行いましょう。

子どもが スムーズに進学するための手助けを

小学校では机に向かって集中していなければならない時間が増えるなど、生活が大きく変化します。これまで続けてきた支援で、集団への適応力が高まっていた子どもでも、気になる行動が再発するケースもあるでしょう。子どもの混乱をできるだけ軽減するためには、保護者と話し合いながら就学への準備を進めることが重要となります。

就学までのスケジュール例

4～6月ごろ
〈保育者の行うこと〉
就学までのおおまかなスケジュールを把握する。地域の小学校の普通級、普通級と通級指導教室の併用、特別支援学級、特別支援学校など、その地域で選択できる学校の情報を集める。必要と思われる保護者には見学を勧める。場合によっては保育者が一緒に見学に行くという選択肢もある。

7～9月ごろ
〈保護者の行うこと〉
自治体の教育委員会による就学相談を受ける。それぞれの学校に申し込んで、見学に行く。

10～11月ごろ
〈保護者の行うこと〉
地域の小学校で行われる就学時健診に参加する。保護者の希望で学校が選択できる地域は、このころに行きたい学校を教育委員会に申請。

12～1月ごろ
〈保護者の行うこと〉
就学通知が届く。内容が納得できない場合は就学相談を継続して、学校を選択する。

入学まで
〈保育者の行うこと〉
就学先が決まった時点で、学校と保護者の面談がある場合も。園は子どもの様子やこれまでの支援などを記入した「就学支援シート」などの書類を作成し、学校に引き継ぐ。
あるいは、保護者の了承を得て、もしくは得られなくても必要と考えれば、指導面について口頭で学校に伝える機会を設ける。

保護者が子どもの障がいを受け入れていないときは

５歳児クラスの６月頃になって、保護者が子どもの障がいに気づいていない、もしくは受け入れていない場合には、この機会に園から働きかけを行います。なお、この時点で初めて子どもの問題を知らせるのではなく、それ以前の普段のかかわりのなかで、子どもの困っている様子について知らせておくのが重要なのは言うまでもありません。就学にあたっての面談ではこれまでの記録をもとに、子どもについて話し合います。

面談で伝えたいこと

●子どもが苦手な場面で園が行った指導や対応
●学校生活のどのような場面でつまずく心配があるか
●教育委員会の就学相談の連絡先、専門家の紹介

これまでの様子から、
けん君は、何かすることがあれば、
イスに座っていられると
わたしたちは感じてます。
お話会のときには、その話の
絵本を渡すと、自分でめくりながら、
20分間最後まで座って聞いてました
小学校の授業は
何分間ですか？
でも、小学校では
ただ話を聞くという
時間もあります

Column

就学支援シートの記入に後ろ向きな保護者がいるとき

就学にあたっては、５歳児のすべての保護者に「就学支援シート」を書くことを勧めるといいでしょう。「子どもが苦手とすることなどを前もって小学校の先生に知っておいてもらうと、そういう場面になったとき、お子さんが適切な支援を受けられますよ」と説明すると、記入することへの抵抗が少なくなるようです。いきなり個人的に勧めるよりは応じてもらいやすくなるでしょう。しかし、どうしても子どもの障がいを受け入れることができない保護者に無理強いすることなどできません。けれども、子どもの小学校生活を考えると、やはり事前に小学校に知らせて配慮してもらうことが必要です。

小学校には幼稚園幼児指導要録や保育所児童保育要録を送付しますが、これは公開の対象書類なので、記入に当たっては配慮が必要です。このようなケースでは、小学校のスタート時期をスムーズに過ごせるように「お伝えしておいたほうがいいと思うことがあります」と口頭で学校側に保育の様子などを伝えます。そして伝えた後には、それを受けた小学校側の支援への意欲が空回りし、小学校と保護者との関係づくりに支障をきたさないように気を配ることも必要です。小学校が挨拶の場を設けてくれたので保護者が出向いたところ、校長や担任だけでなく、数人の専門家が参加していて、保護者が圧倒されてしまったというケースも。そのような場には保育者が必ず同席するようにする、といったことも、就学支援に含まれるでしょう。

保護者の「声」を集めました

園に、先生に伝えたい！保護者の本音アンケート

信頼関係を築くためには、相手の気持ちを知ることがとても重要です。
今回は、発達障がいのある子どもをもつ保護者の方々に
面と向かっては言いにくい園への本音や、親としての思いを打ち明けていただきました。

Q1 園に通っている（いた）ときの心境を教えてください。

●発達の遅れを心配しつつも、まだまだ幼いので、**「いつかは普通に追いつくだろう、小学校までには何とか……」**と本気で考えていました。
（10歳／女の子／通園施設卒）

●幼稚園の年少のときに、自閉症という診断を受けたのですが、その**事実を受け止められず、将来が不安で仕方ありませんでした。**また子どもはぜんそくもあり、体も非常に弱かったので、あらゆる面で周囲の子との差を感じ焦っていました。そんな悩みをだれにも打ち明けることができず、「うちの子＝できない、普通にふるまえない」ということばかり気になり、**精神的にかなり追い詰められていたと思います。**
（6歳／男の子／幼稚園→通園施設在園）

●園に入った当初は脱走したり寝そべったりするばかりで、集団保育には一切参加せず、1日を自分の世界で過ごしていた娘。先生方も障がいがある、ということで遠慮があったのか、悪いことをしても注意してくれないことがありました。でも、最近は少しずつ集団に参加できるように誘導するとともに、特別扱いせずに「いけないことはいけない」と伝えてくださっています。ただ、今でも、**園に行っても何もしない「お客様状態」になってしまわないかと心配しています。**
（4歳／女の子／幼稚園在園）

●周囲とコミュニケーションがとれない子なのに、**園に通わせている意味があるのか、と自問自答していました。**でも息子なりに周囲を意識するようになっていき、無駄ではなかった、と思うようになりました。
（7歳／男の子／幼稚園卒）

●子育ての話が共有できない、とほかの子のお母さんと話すことにストレスを感じていました。今思えば、私がそんなことを考えているなんて、相手は気づきもしていなかったかも……。**当時は「違い」を意識しすぎていました。**
（10歳／女の子／保育園→通園施設卒）

●入園前は定型発達の子と比べる機会が少なかったので「障がいがあってもたいしたことはない」と思っていました。しかし園に入ると、明らかに我が子だけが浮いていて、専門的な療育の必要性を痛感しました。**運動会、おゆうぎ会などを参観すると、どうしてもほかの子と比べてしまい、帰り道は心身とも重くなります。**また、育児の悩みが異質で、クラスのお母さんたちの会話についていけなかったり、戸惑ったりすることもありました。
（4歳／女の子／幼稚園在園）

●年少のころの息子は、じっと座っていられなかったり、大勢の人がいると泣いてしまったりしていました。2歳半で診断がついていたので、それが特性だと頭ではわかっていたのですが、**実際に目の当たりにすると焦る気持ちを抑えられませんでした。**しかし、年長になった現在では、1年1年ゆっくりと成長していく姿を見て**「息子なりの成長」**を喜びとともにかみしめられるようになりました。
（6歳／男の子／幼稚園在園）

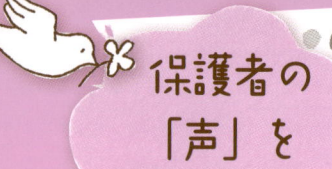

Q2 園の対応でよかったこと、嫌だったことを教えてください。

「よかったこと」

●通園施設も併用していたので、園でトラブルがあると、通園施設でアドバイスをもらい、園に伝えていました。すると、すぐに快く対応してくれたので、ほかの子たちと同じことができる機会が増えました。

（6歳／女の子／幼稚園在園・通園施設を併用）

●ジェスチャーを交えると比較的伝わる気がするなど、いろいろと工夫してくださっていたこと。また療育に行くことを相談したところ、「園での様子をより正確に伝えたほうが適切なアドバイスをいただけるはず」と療育の先生向けに息子の様子をまとめた書類を作ってくださいました。

（6歳／男の子／幼稚園在園）

●私が「この子には無理だろう」と思っていたことを、先生方は一生懸命、子どもに教えてくれました。1人でできそうなことは手助けなしで、無理なことは補助の先生がつき、園の行事にはすべて参加させてもらっています。

（6歳／男の子／幼稚園在園）

●集中するのが苦手な息子が課題に取り組みやすいように、机の横についたてを置くなど刺激が入らないような工夫を施されていました。子どもが過ごしやすい環境を常に考えてくれていたので、不満は何もありませんでした。

（11歳／男の子／通園施設卒）

●園の先生方で情報の共有ができていて、どの先生からも息子の様子や成長ぶりを教えてもらえました。また、担任の先生は電車好きな息子の特性を理解し、支度が遅いときは「特急列車でお願いします」など息子がやる気になる言葉がけをしてくれています。

（6歳／男の子／幼稚園在園）

●ほかの子とあまり遊べない息子のために、息子専用のラジカセを用意してくれたこと。歌が好きなので、休憩時間を楽しく過ごせたようです。

（6歳／男の子／幼稚園在園・通園施設を併用）

●子どもが得意なことを生かせる係につけてくれたこと。数字が好きなのでCDの選曲係など。

（8歳／男の子／保育園卒）

「嫌だったこと」

●息子は自閉症で、コミュニケーションには困難があるのですが、感覚過敏もなく集団内で過ごすのも平気です。しかし、園には感覚過敏がひどく集団活動が難しい自閉症のお子さんが以前在籍していたとのことで、いくら「うちの子は平気だから」とお願いしても、なかなか活動に参加させてもらえませんでした。同じ診断名でも、子どもごとに特徴は違います。診断名で先入観をもたないでいただきたいです。

（9歳／男の子／保育園卒）

●集団活動に参加できないことが当たり前となり、「邪魔にならないように」といつも隅で見学させられていました。そのため活動の様子を撮った写真にも娘の姿は写っておらず、それも嫌でした。

（4歳／女の子／幼稚園在園）

●加配の先生によって、ばらつきがありすぎると思います。運動会の徒競走で、年少のときは1人で走っていたのに、加配の先生が替わった年中のときは先生と手をつないで走らされました。1人で走ると思っていたので、とても驚きました。

（5歳／女の子／幼稚園在園）

●手先が不器用で、手でめくるスケジュールが扱えなかった息子に対し、スケジュールの提示をすべてやめてしまったこと。縦に並べるスケジュールなら少しずつ理解し始めている、と何度伝えても、この子にはまだ早い、とチャレンジさせてもらえませんでした。

（9歳／男の子／通園施設卒）

Q3 保育者から言われてうれしかった言葉、嫌だった言葉を教えてください。

「うれしかった言葉」

「○○くんなりに頑張っていますよ」

「これはできない」と決めつけず、何でもチャレンジさせてくださいました。子どもが一生懸命に取り組んでいる姿を認めてくれてありがたかったです。

（7歳／男の子／幼稚園卒）

「ママが一生懸命だから、私たちにできることは何でも協力します」

こう言って、子どもにわかりやすいように絵カードを作ってくれたり、短い言葉でわかりやすく声かけをしてくれたりしました。

（11歳／女の子／保育園卒）

「寝てる状態でもいい、泣いても暴れてもいいから保育園に連れておいで。その間、お母さんはゆっくり昼寝して、自分のためにリフレッシュなさい」

ほかのお子さんも預かっている先生に迷惑をかけられない、と思い、朝起きられなかったり、よく泣いたりした日はお休みしていました。そんなときに言われた言葉です。2人目を妊娠中の私の体調や精神面を気づかってくれていることが、ありがたくて感謝でいっぱいでした。

（10歳／男の子／保育園卒）

「お母さんとお父さんが頑張っていらっしゃるから、その愛情が○○くんに伝わっていますね」

療育法を親も勉強して実践していました。園も協力してくれて、こう言ってくださったことがとてもうれしかったです。

（6歳／男の子／幼稚園在園）

「○○ちゃんがクラスにいると、みんなが優しい気持ちになる」

面談時に先生から言われた言葉です。クラスの友達は娘の世話を焼きたいらしく、娘はいつも友達に囲まれています。先生の指示に応じないときも、友達が言うと素直に耳を傾けているそう。とてもうれしく思いました。

（5歳／女の子／幼稚園在園）

「私は○○ちゃんが大好きなので、○○ちゃんが困っているならご両親といっしょに対処していきたい」

担任の先生がこう言って娘の気になる様子を知らせるお手紙をくださいました。当時、私は仕事が忙しく、娘が配慮の必要な子であるという認識はありませんでした。この手紙が療育に通うきっかけとなり、今では感謝しています。

（10歳／女の子／保育園→通園施設卒）

「嫌だった言葉」

「無理させすぎじゃない？」

心配してのことだとは思いますが、私が勉強して取り組んでいる療育を否定的に見る先生がいました。「お母さんの言うとおりやってみますね」「頑張っていますね」と応援してくれる 先生のほうがありがたい存在でした。

（10歳／男の子／保育園卒）

「休む日がわかったら早めに教えてください」

通院などで休む日がわかっていたら、早めに教えてほしい、とのこと。手がかかるうちの子が休む日に、担任の先生方は有休をとるつもりだったようでした。休んでもらったほうがありがたい、という気持ちが感じられ、嫌な気分になりました。

（11歳／女の子／保育園卒）

「ちゃんとやっています」

何を聞いてもこう言われるばかりで、具体的なことは何ひとつ教えてはくれませんでした。もう少し丁寧な対応を望んでいます。

（5歳／女の子／幼稚園と通園施設を併用）

「発表会、泣いて嫌がったら廊下に出るようにしましょうか？」

発表会の出し物など、何も決まっていないときに、「できない」と決めつけられ、とても残念でした。

（10歳／男の子／保育園卒）

「ほかに読む本がたくさんあるから」

担任が発達障がいについてあまり知らない様子だったので、『光とともに…』＊などの本を持っていき、「読んでください」とお願いしました。でも、このひと言で断られ、理解する気もないことを腹立たしく思いました。

（11歳／女の子／保育園卒）

＊『光とともに…』（戸部けいこ著　秋田書店刊）

「早く寝かせてあげてくださいね」

子どもには睡眠障がいがあり、夜中まで興奮して騒ぐため、私も寝不足の毎日でした。連絡ノートでそのことは伝えていたのに、よくこう言われました。早く寝かせて普通に寝てくれるのであれば、私だってどれだけ楽なことか……。ちゃんと寝かせないから悪い、と責められているようにも感じ、「しんどいのは私なのにな」と悲しくなりました。

（9歳／男の子／幼稚園卒）

Q4 保育者や園に望むことを教えてください。

●同じ診断名でも子どもの特性はまったく異なるので、**何が好きで何が苦手かなど、その子をまずはよく見てもらえたら**と思います。少しの工夫でできることも増えていくので、子どもの成長する力を信じて接してもらいたいです。

（12歳／男の子／保育園卒）

●**1人の人間として尊重していただきたい**、と願っています。

（4歳／男の子／通園施設在園）

●息子が通っている園では、先生方に「この子はできないだろう」という意識がなく、いろいろなことを体験させてもらっています。**「障がいがあるから無理だろう」という先入観をもたないでください。**

（6歳／男の子／幼稚園在園）

●子育てについての思いや子どもに望むことは、その家庭によってさまざま。**園は「親はこうあるべき」という考えを保護者に押し付けず**、各家庭の思いを受け止めてもらいたいと思います。また子どもを中心としたチームを組んで、日々の保育にあたっていただきたいです。

（9歳／男の子／通園施設卒）

●園の先生方全員に、発達障がいのある子が増えていることやその特性をわかってもらえたら、と思います。その上で、**子どもへの対応策を園のなかで話し合ってもらえたら**ありがたいです。

（6歳／男の子／幼稚園在園）

●ほかの子と上手にコミュニケーションがとれないので、トラブルがあったときは素早く間に入るなどしてもらえるといいなと思います。苦手が多い子どもであっても、**個性を認めて寄り添ってもらう**ことで、穏やかな園生活を送ることができます。

（6歳／男の子／幼稚園在園）

●**発達に遅れがある子も必ず成長する、そう信じて前向きに接してもらいたいで**す。できないこともあきらめるのではなく、「どうしたらできるか」「どこまでならできそうか」という視点で母親と一緒に考えてもらえたらいいですね。そうして、**できたことを一緒に喜んでもらえることがどれだけ心の支えになるか！**

（10歳／男の子／保育園卒）

●発達に遅れのある子どもがクラスにいると、周りの子たちが助けようと手を差し伸べてくれます。そんな姿を見ていると、気になる子の存在が結果と**してほかのお子さんたちの成長にもつながるのだな**と感じます。定型発達の子と障がいのある子を区別しない新しい保育を期待しています。

（4歳／女の子／幼稚園在園）

●先生がまず心から子どもを受け入れてくれることが重要だと思います。ほかの子どもたちも先生をまねしますから。ほんの少しの手助けでできることも増えていくので、**先生が先頭に立って、発達障がいのある子どもにどう接したらいいかを示していただきたい**です。

（11歳／女の子／保育園卒）

今回のアンケートで出た
「保護者が望むこと」は、どれも
支援のあり方として大切なことばか
りでした。専門知識も必要だけど、
それよりも愛のある保育を!!
そして、子どもの育ちを喜び合って
いきたいですね！

●監修

小平雅基（こだいら・まさき）

児童精神科医師。山梨医科大学（現山梨大学）医学部卒業。大学附属病院で精神科全般の研修をした後、国立精神・神経センター国府台病院（現国立国際医療研究センター国府台病院）児童精神科で研修を受け、以後常勤医師として、併せて13年間勤務する。2015年4月より総合母子保健センター愛育クリニック小児精神保健科部長となる。児童精神科医療全般に携わるが、特に小児の神経心理学や認知行動療法、母子関係の改善プログラムなどを専門としている。著書に『臨床医のための小児精神医療入門』（共編／医学書院）などがある。

中野圭子（なかの・けいこ）

臨床発達心理士。東京学芸大学幼稚園科卒業。東京都の公立幼稚園で教諭として29年間勤務する。その間に特別支援学校教諭免許・幼稚園専修免許を取得。各市区の幼稚園、保育園、小・中学校で保育カウンセラー、巡回相談、療育機関の心理相談などに携わる。著書に『ケース別　発達障害のある子へのサポート実例集　幼稚園・保育園編』（共著／ナツメ社）、『保育内容 人間関係― あなたならどうしますか？』（共著／萌文書林）などがある。

●スタッフ

編集・執筆●中西美紀

編集・執筆協力●村瀬素子

デザイン●さいとう真砂

表紙イラスト● Meriko

本文イラスト●あきやまえりこ　いとうみき　うつみのりこ　くわざわゆうこ　Meriko　長谷川まき